环球人物 GLOBAL PEOPLE 10周年 典藏书系

蒋氏家族百年秘档

《环球人物》杂志社 编

中国出版集团 现代出版社

图书在版编目(CIP)数据

蒋氏家族百年秘档 /《环球人物》杂志社编 . -- 北京 : 现代出版社 , 2017.1
(《环球人物》10 周年典藏书系)
ISBN 978-7-5143-5469-0

Ⅰ. ①蒋… Ⅱ. ①环… Ⅲ. ①蒋介石(1887-1975)－家族－史料
Ⅳ. ① K820.9

中国版本图书馆 CIP 数据核字(2016)第 270201 号

蒋氏家族百年秘档(《环球人物》10 周年典藏书系)

编　　者	《环球人物》杂志社
责任编辑	张　霆　姚冬霞
出版发行	现代出版社
通信地址	北京市安定门外安华里 504 号
邮政编码	100011
电　　话	010-64267325　64245264(传真)
网　　址	www.1980xd.com
电子邮箱	xiandai@vip.sina.com
印　　刷	三河市金泰源印务有限公司
开　　本	710mm × 1000mm　1/16
印　　张	14
版　　次	2017 年 1 月第 1 版　2017 年 1 月第 1 次印刷
书　　号	ISBN 978-7-5143-5469-0
定　　价	38.00 元

出版前言

本书依托史料，以时间为线索，围绕蒋介石家族四代，从当事人日记解读、后人回忆、当事人访谈等角度，以不溢美、不隐恶的实事求是之态度，揭秘蒋介石家族百年兴衰。

本书大量引用蒋介石日记，这是研究蒋介石的第一手材料。蒋介石几乎天天写日记，一直将这个习惯保持到去世。他记录政治事件，也记录私生活。

为尊重作品完整性，日记内容基本未作改动。但日记中出现的“共匪”“剿共”“反攻复国”“中华民国”等词，均加引号处理。

此外，本书在其他引用台湾当局或台湾方面原文而涉及台湾当局官方机构名称的地方，也加上了引号。

本书编者学识所限，敬请读者和专家指正。

2016 年 10 月

目录

蒋介石真实的情史家事

2010年春,《蒋介石家书日记文墨选录》出版。这是60年来中国大陆首次出版蒋介石本人的著述。笔者独家专访中国社会科学院近代史研究所研究员曾景忠。他倾尽心血，研读蒋介石与家人之间的书信、电文、诗文往来，从中发现了作为情人、丈夫、父亲、祖父的蒋介石，在面对家人时的内心事、真性情。

“言为心声，文如其人。”家书中的蒋介石，是一个既痴心又负心的情人，既胆大又胆怯的领袖，既严厉又温柔的父亲。

生命中的四个女人

蒋介石的情史堪称丰富多彩。他的第一任妻子是毛福梅，后有侧室姚冶诚、陈洁如，但最终情定宋美龄。从他和四个妻妾之间的书信往来，外人可以窥见他感情世界的诸多隐秘。

对毛福梅，只有一封离异书

1901年，奉蒋母之命，14岁的蒋介石与邻村女子毛福梅，在老家浙江省奉化县溪口结为夫妻。毛家一边务农，一边经商，在当地算是殷实之家。毛福梅的两个哥哥也进过学堂，读书识字。但毛家以传统女性的标准管教女儿，认为“女子无才便是德”，因此，毛福梅裹着小脚，还不识字。她又比蒋介石大 5 岁。此时的蒋介石，已读过 9 年书。两人无论在年龄、思想，还是在感情上，差距都很大。

拜堂成亲那天，新娘的花轿被抬到蒋介石家门前时，爆竹齐放。看热闹的孩童一拥而上，争抢掉在地上的爆竹蒂。蒋介石当时还年幼，他也冲了过去，挤在中间捡个不停。亲友见状，哄堂大笑。那时，没人意识到，这笑声正是悲剧的种子。事实上，在奉化一直有“新郎拾蒂头，夫妻难到头”的俗话。

两年后，蒋介石到宁波求学，他一度偕毛福梅伴读。这是夫妻俩最融洽的一段时光。但好景不长，1905 年，蒋介石东渡日本求学，从此常年在外，对毛福梅日益冷落。即使 1910 年儿子蒋经国出世，也没能使他们的感情改善。蒋经国 3 岁那年，蒋介石从上海带回了一个妾——姚冶诚。从那时起，他和毛福梅的婚姻已经名存实亡了。

1921 年 4 月 4 日，蒋介石给毛福梅的兄长写了一封信：“……吾今日所下离婚决心乃经十年之痛苦……高明如兄，谅能为我代谋幸福，免我终身之苦痛。”这表明，他离婚的决心已无可动摇。

1921 年 6 月，蒋介石的母亲病逝。同年 11 月 28 日，蒋介石办完丧礼，在母亲生前常坐的佛堂里，召开了家庭会议。他拿出事先写好的纸片，流着眼泪，带着颤音开始宣读。这表面上是蒋介石写给经国、纬国两个儿子的信，实则是他宣布离弃毛福梅的一封休书：“余葬母既毕，为人子者一生之大事已尽，此后乃可一心致力于革命，更无其他之挂系。余今与尔等生母之离异，余以后之成败生死，家庭自不致因我而再有波累……今后（既与家人脱离关系）可无此念，而望尔兄弟二人，亲亲和爱，承志继先……特此条示经纬两儿，谨志勿忘，并留为永久纪念。”

蒋介石为何丧母不久便休妻？原来，此时他正在热烈追求一位上海富商之女陈洁如。仅仅一周后，1921 年 12 月 5 日，他便在上海和陈洁如举行了婚礼。

一直到 1927 年，蒋介石才正式办妥和毛福梅的离婚手续，因为当时他要迎娶宋美龄。宋家提出了两个要求：一是蒋介石加入基督教；二是他要遵照基督教教义，不能同时有两个妻子，必须与原配离婚。

蒋介石回到老家和毛福梅商量离婚事宜。当时，她已经和蒋介石做了 26 年夫妻，长年照顾蒋氏家族中的人。蒋氏族人认定她就是蒋家人，绝对不能离开蒋家。因此，两人采用“离婚不离家”的办法，毛福梅在法律上不再是蒋介石的妻子，但她仍住在蒋家祖屋，在蒋家族谱上仍有她的名字。

1939 年 12 月 12 日，侵华日军轰炸蒋介石老家，毛福梅遇难，终年 57 岁。蒋经国悲痛难当，在蒋家祖坟厚葬了母亲。

对姚冶诚，半数信件谈“纬儿”

蒋介石情史上的第二个女人是姚冶诚。姚冶诚是江苏吴县人，与蒋介石同岁。她父母早亡，由叔父抚养长大，后来嫁给当地一个农民。婚后，两人到上海谋生。但丈夫不久就染上了吸食鸦片的恶习，致使夫妻感情恶化。在上海期间，姚冶诚靠为高级妓女梳头、管理衣物首饰为生。

关于蒋介石和姚冶诚的相识，一种说法是，辛亥革命成功后，蒋介石应国民党革命元勋陈其美之召回到上海，并常随陈出入风月场所，由此与姚冶诚相识。

1913 年，蒋介石把姚冶诚带回奉化县溪口镇家中。毛福梅接受了蒋介石纳妾的事实。姚冶诚也很乖巧，对蒋介石的母亲十分孝顺，婆媳三人相处得还算融洽。1919 年，蒋介石把收养的戴季陶（时任孙中山随从秘书）之子，年仅 3 岁的蒋纬国，送回奉化，交给姚冶诚抚养。

但没过多久，姚冶诚和蒋介石的关系也出现了裂痕。蒋介石恨姚冶诚嗜赌成性。他在 1919 年 10 月 18 日的日记上写道：“冶诚嗜赌不休，恶甚，恼甚！”此外，姚冶诚对他也不够体贴。1920 年 5 月 16 日，他在日记中记述道：“近日冶诚嗜赌而不侍我疾，且出言悖谬，行动乖违，心甚忿恨之。”蒋介石还对姚冶诚缺乏教养很是不满。1923 年 7 月 24 日，他在日记中说：“冶诚咒外人，终非大家闺范，心滋不悦。”这些怨怼之情，使蒋介石一度考虑和姚冶诚分居。

年幼的蒋纬国，是维系蒋介石和姚冶诚关系的重要因素。从 1921 年 11 月到 1922 年 6 月，蒋介石取道香港前往桂林，参加第二次护法运动（指维护《中华民国临时约法》，反对独裁的革命运动）。半年多的时间里，他写了 7 封信给姚冶诚，其中的 4 封都对“纬儿”（指蒋纬国）念念不忘。

1921 年 11 月 30 日，就在给毛福梅写下“休书”后的第二天，已赶赴香港的蒋介石给姚冶诚写了一封信：“冶诚：前示纬儿两函，想已收到……在家无事，请每星期写一封信寄来。经、纬两儿想必玩笑如常……”

1922 年 2 月 28 日，蒋介石在桂林给姚冶诚写信道：“我有十天不写信给你了，像煞是很久的样子，想必你同纬儿皆平安强健么……我很想纬儿的照相看，你将来到奉化或宁波去的时候，顺便拍一个来，寄给我看看吧。”

1922 年 3 月 10 日，蒋介石又在一封信里对姚冶诚说：“我前（些）日子写给纬儿一封信，想必已收到了么……我近来身体颇好，但是我性情孤僻，终不能同新朋友相合，只有几位老朋友……纬儿可以教他认字听讲了，天天到学堂里去看看，就是不去念书，也有益处的。你若是把我这个儿子养育得好，将来我还要谢谢你呢。完了。”

姚冶诚很会揣摩蒋介石的心思，因此，当蒋纬国刚学会写简单字句的时候，她便拟了一信，让纬国抄在信笺上，并附近照，寄往广州。信云：“我已经好久没有看到亲爱的爸爸了，心里非常想念，如果我能长上翅膀，我一定飞到广州探望我的爸爸了。”蒋介石接信后，大动感情，将信读了又读，又将照片放在写字台上，看了又看，然后命机要秘书“赶快拍电报叫纬国来”。

后来蒋介石决意迎娶宋美龄，姚冶诚离开了蒋家，带着蒋纬国迁居苏州，生活费用则由蒋介石承担。1949 年，蒋纬国亲自护送姚冶诚到台湾。1966 年，79 岁的姚冶诚在台湾病逝。

蒋纬国本想隆重葬母，但蒋介石顾虑到宋美龄的感受，拒绝了蒋纬国的要求。据蒋纬国在自传中记载，他只好悄悄将姚冶诚下葬在台中市宜宁中学墓地，并在墓碑上题写了“辛劳八十年，养育半世纪”的铭文。笔者曾托付台湾记者寻访姚冶诚之墓，然而记者在台中市几番寻觅，均未找到。

对陈洁如，被拒后写求爱信

1919 年，32 岁的蒋介石在母亲病重、自己与毛福梅和姚冶诚的感情均出现问题之际，在国民党元老张静江的家中，认识了年仅 13 岁的陈洁如。陈洁如原籍苏州，出身殷实的商人之家，当时在蔡元培创办的上海爱国女子中学读书，是一位聪明美丽、有文化的新式女性。蒋介石对她一见钟情，随后便展开追求攻势。但陈洁如的母亲考虑到女儿年龄尚小，认为蒋介石的行为十分不妥。

被陈家拒绝的蒋介石没有就此放弃，他给陈洁如写了一封火热的求爱信：“亲爱的阿凤（陈洁如小名）：中国革命尚待完成，但是我，一个革命者，感觉心神沮丧，不能以我的全部精力，贡献于我们的国家。我终日仰望你予我必须的慰藉与鼓励，以安定我的不乐之心。我只要你答允我一件事，然后我才能重新得到力量，以为革命效力……你爱我们的国家，就不会只顾一己，而吝予给国家的一位革命者些许快乐……我将我的心置于你的裙边之下。请告诉我你将宽恕我，并很快再同我谈话。让

蒋介石、陈洁如在黄埔军校合影

我今天就看见你吧！”

1921 年 9 月，陈洁如父亲病故，蒋介石帮助料理丧事，表现得十分殷勤，终于博得陈洁如母亲的好感。蒋介石又承诺与原配毛福梅和侍妾姚冶诚脱离关系，并请张静江夫妇出面撮合，才说服陈家同意将陈洁如嫁给他。

蒋介石对陈洁如颇有感情。婚后，陈洁如未能生育，他就把蒋经国带到上海，交给陈洁如照顾；又和陈洁如领养了一个女儿蒋瑶光；他担任黄埔军校校长后，陈洁如形同秘书，替他处理函件往来和保管普通文件；陈洁如还全力辅佐蒋介石参加革命。

但蒋介石和陈洁如的恩爱时光并不长。1926 年，蒋介石通过种种政治手腕，攫取了国民党的政务和军事大权。地位的变化和权欲的膨胀，使蒋介石的择妻标准有了新的变化。陈洁如缺乏高贵的出身、显赫的门庭，无助于他将来的仕途。1926 年 7 月 30 日，蒋介石在写给张静江的信中，吐露了离弃陈洁如之意：“洁如之游心比年岁而增大，既不愿学习，又不知治家，家中事纷乱万状。此次行李应用者皆不检点，而无用者皆携来，徒增担夫之劳。请属（嘱）其不管闲事，安心学习五年，或出洋留学，将来为我之助，如现在下去，必无结果也，乃害其一生耳。如何？”

然而，真实的原因是：蒋介石已决意迎娶宋美龄。在蒋介石的安排下，21 岁的陈洁如远赴美国。知书达理的陈洁如在异国苦学英文，获得了哥伦比亚大学的硕士学位。回国后，她隐居上海，后又前往香港定居。1971 年，65 岁的陈洁如因中风去世，其骨灰被送往美国安葬。异国孤坟，正如她生前一样，在寂寞中来，亦在寂寞中去。

对宋美龄，第一次下野后求婚

蒋介石与宋美龄相识，是在 1922 年。他偶遇孙中山夫人宋庆龄的妹妹宋美龄，当即为其容貌、修养和风度所倾倒。随后，他请求孙中山帮忙为其说合，但遭到宋家一些人的反对。

1927 年 12 月 1 日，蒋介石和宋美龄在上海举行婚礼

孙中山逝世后，蒋介石在国民党内的地位迅速提高，他与宋美龄的关系也随之“柳暗花明”。1927 年 1 月，宋美龄在信中已称呼蒋介石为“亲爱的大哥”。这一年，武汉国民政府察觉到蒋介石背叛革命的意图，开始防范并削夺他的军权。蒋介石感到形势不妙，便加紧筹划和宋家联姻，以尽快取得在国民党内有特殊地位的宋家的支持。

1927 年 3 月 19 日，蒋介石在写给宋美龄的信中说：“……我收到你的信后，将上前线。你的态度如何？请来函详示。你可否赠我一帧最近的玉照，以使我得以经常见到你的芳影……你因我仍在江西，以为不便来与我晤面（由于我的妻子）。但我今已离开江西，你大可不必再存此种令你不安的疑虑。”

随后几个月内，蒋介石先因制造四一二反革命政变，被武汉国民党中央宣布开除党籍，后又在和汪精卫“东征讨蒋”的战争中大败而归。1927 年 8 月，走投无路的蒋介石宣布下野，宋家成了他东山再起的唯一指望。

因此，蒋介石再次给宋美龄写了一封求爱信：“余今无意政治活动，惟念生平倾慕之人，厥惟女士，前在粤时，曾使人向令兄姊处示意，均未得要领。当时或因政治关系。顾余今退而为山野之人矣。举世所弃，万念灰绝。曩日之百对战疆，叱咤自喜，迄今思之，所谓功业宛如幻梦。惟独对女士才华容德，恋恋终不能忘。但不知此举世所弃之下野武人，女士视之，谓如何耳？”

面对这封情意绵绵的求婚信，宋美龄终于答应下嫁。1927年12月1日，蒋介石与宋美龄结婚。婚后40天，蒋介石宣告复出，宋美龄遂成为“第一夫人”。

蒋介石与宋美龄结婚后，再未离异，与之白头到老。1975年蒋介石去世后，宋美龄也淡出政治舞台，晚年长居美国纽约。2003年，宋美龄病逝，享年106岁，葬于纽约宋家墓地。

蒋介石生命中的四个女人，都曾经风光过，她们拥有过当时中国最显赫的男子；她们都曾经因为他的爱情快乐过、痛苦过、挣扎过。但最终，这些美丽的红颜都成了一抔黄土。如果她们在天堂里相见了，也许会叹息青春年华的短暂和世事的沧桑。（撰文：许陈静）

西安事变中写下遗书

1936年12月12日，驻扎在中国西北，要求停止内战、一致抗日的国民党将领张学良、杨虎城，在西安发动“兵谏”，拘捕了前去督战的国民政府行政院院长兼军事委员会委员长蒋介石和中央政府的多名高级官员。这就是震惊世界的西安事变。

西安事变发生后，南京国民政府高层出现两种主张：武力讨伐与和平处置。在下令剥夺张学良的各项职务后，国民政府发布了两项人事任命：军政部部长何应钦升任军事委员会常务委员，负责军队的指挥和调动；行政院副院长孔祥熙代理行政院院长。

12月16日，何应钦出任讨逆军总司令，指挥对西安方面的军事讨伐。孔祥熙则与各地实力派联系，共同谴责张、杨，向他们施压。

托张学良亲信赴西安

西安事变发生时，正在上海的宋美龄闻讯，“不啻晴天霹雳，震骇莫名”。她立即赶回南京，恳求国民党中央以和平方式解决事变。她反复说明，她不只是从营救丈夫的私意出发，更是从国家利益考虑——一旦进行军事讨伐，不仅蒋介石的生命将陷于危险，西安百姓也将遭受战火之灾。

宋美龄急切希望能去看望丈夫，但在事变之初不可能如愿。她不得不请出一个与蒋介石、张学良都有良好关系的澳大利亚人——端纳，作为信使赴西安。端纳带了两封信。一封是宋美龄写给张学良的，大意是希望张学良顾全大局，从公、私两方面考虑处理与蒋介石的关系。另一封则是宋美龄写给丈夫蒋介石的：

夫君爱鉴：

昨日闻西安之变，焦急万分。

窃思吾兄平生以身许国，大公无私，凡所作为，无丝毫为自己个人权利（力）着想。即此一点寸衷，足以安慰。

且抗日亦系吾兄平日主张。惟兄以整个国家为前提，故年来竭力整顿军备，团结国力，以求贯彻抗日主张。此公忠为国之心，必为全国人民所谅解。目下吾兄所处境况，真相若何，望即示知，以慰焦思。

妹日夕祈祷上帝，赐福吾兄，早日脱离恶境。

请兄亦祈求主宰，赐予安慰。为国珍重为祷！

临书神往，不尽欲言。专此奉达。

敬祝

康健！

妻　美龄

廿五年十二月十三日

宋美龄了解蒋介石的脾气，此信主要是为了安慰蒋介石。至于信中说蒋介石一贯主张抗日，其实是写给张学良和杨虎城看的。

蒋介石口述“与妻书”

1936年12月14日，端纳见到了蒋介石。蒋介石看了宋美龄的信后甚为感动。得知宋美龄要来西安，蒋介石告诉端纳，不要让她来此险境。端纳随即复电宋美龄。蒋介石看到端纳拟好的电文开头所写的“蒋夫人转电已悉”时，泪如雨下。

随端纳一起到达西安的黄埔同学会总干事、新生活运动总干事黄仁霖，直到12月16日，才得到张学良的允许面见蒋介石。蒋介石见到黄仁霖后，立即给宋美龄写了一封信。他又怕信会被张学良扣留，便将内容向黄仁霖念了两遍，让黄背下，回到南京后口述给宋美龄——“余决为国牺牲，望勿为余有所顾虑。余决不愧对余妻，亦决不愧为总理之信徒。余既为革命而生，自当为革命而死，必以清白之体还我天地父母也。对于家事，他无所言。唯经国、纬国两儿，余之子即妻之子，望视如己出，以慰余灵。但余妻切勿来陕。”

果然，张学良扣留了此信。他也没有让黄仁霖回南京。因为蒋介石叮嘱“余妻切勿来陕”，而张学良则希望宋美龄到西安来调解。

12月20日，绝望中的蒋介石做好了最坏的打算，写了3封遗书，分别致妻子宋美龄、儿子蒋经国和蒋纬国，以及告全国同胞。

在致宋美龄的遗嘱中写道：

贤妻爱鉴：

兄不自检束，竟遭不测之祸，致令至爱忧伤，罪何可言。今事既至此，惟有不愧为吾妻之丈夫，亦不愧负吾总理与吾父吾母一生之教养，必以清白之身还我先生，只求不愧不怍无负上帝神明而已。家事并无挂念，惟经国与纬国两儿皆为兄之子，亦即吾妻之子，万望至爱视如己出，以慰吾灵。经儿远离十年，其近日性情如何，兄固不得而知；惟纬儿至孝知义，其必能克尽孝道。彼于我遭难前一日尚来函，极想为吾至爱尽其孝道也。彼现驻柏林，通信可由大使馆转。甚望吾至爱能去电以慰之为感。

廿五年十二月二十日　中正

在致儿子的遗嘱中写道：

又嘱经、纬两儿：

我既为革命而生，自当为革命而死，甚望两儿不愧为我之子而已。我一生惟有宋女士为我惟一之妻，如你们自认为我之子，则宋女士亦即为两儿惟一之母。我死之后，无论何时，皆须以你母亲宋女士之命是从，以慰吾灵。是属。

父　十二月二十日

致全国同胞的遗嘱中写道："中正不能为国自重，行居轻简，以致反动派乘间煽惑所部构陷生变。今事至此，上无以对党国，下无以对人民，惟有一死以报党国者，报我人民，期无愧为革命党员而已。我死之后，中华正气乃得不死，则中华民族终有继起复兴之一日。此中正所能自信，故天君泰然，毫无所系念……"

宋美龄"来陕共生死"

宋美龄担心，一旦讨伐张学良和杨虎城的战事爆发，张、杨会挟持蒋介石离开陕西。因此，她打定主意要亲赴西安营救蒋介石。

12 月 20 日，宋美龄的哥哥宋子文以私人身份赴西安，劝导张学良和平解决事变。他还带去了宋美龄写给蒋介石的亲笔信："如子文三日内不回，则妹必来陕与兄共生死也。"蒋介石看到这里，不觉呜咽，说不出话来。

12 月 22 日，宋美龄在宋子文的陪同下飞赴西安。囚禁中的蒋介石见到宋美龄时，大为感动。后来，蒋介石在日记中写道："相见时悲痛不可名状，惊讶。余切属子文劝妻万不可来西安，乃不料其竟冒险而入此虎穴也。妻见余，强作欢颜，而余则更为之忧。以今后所作，乃须顾虑妻之安危，而本身之生死早已置之度外也。”

蒋介石向宋美龄讲了事变经过，也讲了他对张学良、杨虎城未做任何承诺的情况，还要求宋美龄也不要与张、杨二人签订任何文件。宋美龄同意，并再次表示愿与他共生死。

随后，宋美龄、宋子文与张学良、杨虎城和中国共产党代表周恩来，进行了多次谈判，对张、杨二人提出的一些问题原则上给予承诺。尽管宋美龄、宋子文与张学良、杨虎城、周恩来达成了协议，但蒋介石不同意任何书面承诺。对于让蒋不签字但口头答应某些条件就离开西安，杨虎城坚决反对。考虑到当时的西安城由杨虎城的第十七路军把守，张学良向宋子文提出了一个折中方案：宋美龄与端纳先行飞赴洛阳，而蒋介石乔装混在士兵中，乘汽车出西安，先到张学良的东北军兵营，再由东北军派车送到洛阳。

宋美龄回绝了这一方案：“委员长决不肯化装。倘彼不能公开乘飞机离陕，余必同留此殉难，决不愿离此一步也。倘彼因中央军开始攻击而殉国，余决不愿独生也。”

12 月 25 日，张学良采用一边安排蒋介石去机场，一边知会杨虎城的方式，陪同蒋介石夫妇上了飞机。西安事变至此得以和平解决。

到达南京后，张学良当即被蒋介石扣留，此后被长期软禁，直到 1995 年才重获“自由”，前往美国定居。2001 年，101 岁的张学良在美国夏威夷逝世。

1937 年，杨虎城被蒋介石逼迫出国考察。到国外后不久，杨虎城秘密潜回香港打算参与抗日，但被国民党特务逮捕。1949 年，国民党兵败溃逃时，杨虎城被蒋介石秘密派遣的军统特务在重庆杀害了，时年 56 岁。（撰文：曾景忠）

半个世纪的家训

蒋介石有两子七孙。从1920年2月9日训诫10岁的蒋经国“说话走路，皆要稳重，不可轻浮”，到1970年6月15日劝慰60岁的蒋经国“你在金门多住几日，修养至廿一日回台北为宜”，整整半个世纪的时光里，蒋介石给儿、孙的家书，已披露的就有55封，事无巨细，谆谆教导。

对经儿悉心指导

1916年，6岁的蒋经国进入奉化溪口武岭学校。此时蒋介石常年离家在外，只能靠书信指导蒋经国学习。

1920年9月4日，为让蒋经国系统地掌握汉字，蒋介石寄给他清代著名学者段玉裁注解的《说文解字》，请私塾老师王欧声到家中讲解。他写信给蒋经国说：“经儿知之：兹寄汝《说文解字》四本，可请王先生照予所订课程教授也。此书每日能识得十字，则三年内必可读完，一生受用不尽矣。读书，第一要当心听讲，认识一字，须要晓得一字之解说，不可读过就算。”

1921年，蒋经国进入奉化龙津学校读书，课余仍由王欧声为其讲解经学，蒋介石则亲自为其确定课程。5月23日，蒋介石写信敦促蒋经国读儒家经典《尔雅》：“经儿知之：尔《说文（解字）》提要读完否？记得否？如已读完记得，可请尔先生依余正月间所开书目单，顺序读去，勿求其过速。《尔雅》读完时，小学书，可认许氏《说文（解字）》，或后读《尔雅》亦可。随尔先生定夺，余不遥制也。”

《说文解字》《尔雅》，是中国古代的语言文字学专著，兼有词典、字典的功能，历来为幼童读书入门的教材，能为学习古文典籍打基础。蒋介石对儿子从小打下国学基础非常重视。

待蒋经国年龄稍大，蒋介石开始指导他读四书等国学典籍，尤其是《孟子》。1922 年，蒋经国转入上海万竹小学。同年 10 月 13 日，蒋介石写信对蒋经国说："闻你读过的《孟子》，多已忘记了。为什么这样不当心呢？……如能懂得一部四书的意义，又能熟读一册《左（传）孟（子）庄（子）骚（楚辞）菁华》，则以后作文就能自在了。每篇总要读三百遍，那就不会忘记了。"

1925 年，年仅 15 岁的蒋经国前往苏联莫斯科中山大学学习，旅苏长达 12 年之久。1937 年蒋经国回国后，蒋介石担心他对中国文化缺乏深切的了解，因而系统地指导他读书，补习中国传统道德文化和历史、哲学，以及孙中山的三民主义学说。他还给儿子开列了主要书目：《论语》《王文成公全书》（王阳明全集）、《曾文正公家书》《近思录》和《孙文学说》。

1937 年 5 月 12 日，蒋介石写信指示蒋经国："你以后看书，应多注重中国固有道德、建国精神与其哲学。《孙文学说》一书，实为中国哲学之基础，而三民主义则为中国哲学之具体表现。译文决不能阐明其精神，俄文译本更将其中的精华舍弃未译。故你应将《孙文学说》看完二遍以后，即看《三民主义》中民族、民生、民权各讲之原书全文，并应将其心得批评之点，摘记另录，以备呈阅……再看《军人精神教育》一书，亦在中山全集之中。如能了解以上各书，则中国之政治、社会、经济与哲学，皆可得其基础矣。"

1937 年，七七事变爆发，全国掀起抗日救亡的高潮。起初，蒋介石还不想让蒋经国中断学习和写作，于 7 月 24 日写信对他说："你此时应专心研究国文与习字著书，不必分心于倭寇之扰华，以我必有以制之也。"

后来，蒋经国到江西出任江西省第四区（赣南地区）行政督察专员兼区保安司令。蒋介石在 1938 年 7 月 24 日的信中开始对蒋经国指导政治工作："县政最要的是民政与土地及财政，应设民政与财政各科，而民训则可归并于教育科也。你如有志于政治基本工作，则可先任县政多得社会经验，做一番切实工作；则以后对于政治，当更能认识也。”

直到蒋经国59岁时，晚年的蒋介石还专门给他写信，要他多读陆（九渊）王（阳明）心学。在父亲的训导下，蒋经国一直孜孜不倦地研究心学。

蒋经国于1956年在《我所受的庭训》一文中写道：“有了父亲不断的熏陶，我的思想受了极大的影响；尤其是在归国以后，更认识了中国固有的道德、政治、文化、哲学思想之伟大。”蒋经国特意提到了两件难忘的事：一是父亲教他挂衣服要提着衣领挂起来，才不会没有头绪；二是父亲教他坐凳子一定要坐在中间，偏坐就会翻倒。蒋经国感叹，从这两件事中，他学会了做事要“提纲挈领”和“把握要点”。1988年蒋经国病逝后，其灵柩停放于台湾桃园大溪，距离父亲蒋介石的灵柩停放地慈湖只有两公里。

对纬儿宠爱有加

“经儿可教，纬儿可爱。”这是蒋介石在两个儿子年少时，对他们的评价。1922年1月28日，在桂林忙于第二次护法运动的蒋介石，给6岁的蒋纬国写信道：

纬儿：

我今日在桂林过旧历的新年，心里很想慕家庭今日的乐趣，自叹不能在家聚笑一堂，因之更加想念你的活泼神态，不能忘怀……但愿你在家要好好的孝敬你的母亲，友爱你的哥哥……今日在此地同各位伯伯拍几个照片，将来晒好了，我还要带两张来给你看……

远在他乡度岁之时，得见你们的笔迹，真是如获至宝，以后还要你们时常写信，来解慰我旅中的冷静为盼。

父示

两个月后，蒋介石又给蒋纬国写信：

纬儿知之：

我三个月没有见到你了，心里非常记挂。我今日看见人家小孩子，在大本营前空地放风筝，我更加想起你在城中放风筝的趣味。不晓得今年你在家有做风筝去放没有？我在抽屉里，找出两张画图贺年片来，一张是富贵花，一张是小孩游戏，其中也有放风筝的，所以寄给你白相（玩耍），不晓得你快活么？……

此刻已七点半钟了，想必你还没有睡罢？

父示

此外，在给蒋经国的信中，蒋介石也多次提到要他照顾弟弟。或是叮嘱经国“为你弟定（订）《儿童画报》和《儿童世界》各半年”，或是问经国，“纬儿在沪出疹，你去看过否？现在有否痊愈？”或是告诉经国“（纬儿）到了上海之后，没有写信给我，不知为何？你须同（陈）果夫兄到朱家去看他一看，写信告我”。

蒋介石对蒋纬国宠爱有加，给他安排了一条从军之路，送他到德国学习军事。1940年蒋纬国回国后，从军队基层干起，直至升迁为少将司令。1966年10月，为庆祝蒋纬国50岁生日，蒋介石特意修书一封：“为纬儿五十生日作书勉之：恕人责己，助人求己，不求人知，埋头自修，乃处世立业之要道也。”蒋纬国对父亲的教导十分重视，立即找人用一块青色大理石刻上，放在案边，作为自己的座右铭。1997年，蒋纬国病逝于台湾，终年81岁。（撰文：曾景忠）

电函指导“夫人外交”

抗日战争期间，宋美龄赴美国治疗皮肤病荨麻疹。蒋介石托付宋美龄对美外交任务。1942年11月16日，他亲自给美国总统罗斯福写信说：“内子非仅为中（蒋中正自我简称）之妻室，且为中过去十五年中，共生死同患难之同志。彼对中意志之了解，当非他人所能及。故请阁下坦率交谈，有如对中之面罄者也。余深信内子此行更能增进余两人之私交，及扩大我两大民国之睦谊也。”

10天后，宋美龄抵达美国。罗斯福的助手霍普金斯代表总统到机场迎接。在随后的半年内，蒋介石和宋美龄保持着密切的电函往来。

指导“国会演讲”

宋美龄到美国后，发觉美国对中国抗日的报道甚少。1943年1月，她向蒋介石汇报说：“妹此间对中国战事消息报载所见极鲜，不若在国内想象之多。”于是，她决定在美国积极宣传中国的抗日形势，让美方了解中国军民英勇作战的艰苦情况。“他人不便说者，我不但透彻申述，反令人敬仰我等宗旨之高尚纯粹也。”2月9日，宋美龄告诉蒋介石，她将于18日在美国国会发表演讲，之后将赴纽约、芝加哥、旧金山、洛杉矶等地演讲，希望他对演讲内容作指示。蒋介石获悉后，两天内连发三封电文，指导宋美龄如何演讲。他在2月12日的第一封信中说：

蒋夫人：

对美国会讲演，照来电所述之意甚妥。此外应注重各点，略述如下：

一、中、美两国传统友义（谊）过去一百六十年间，毫无隔阂之处，是世界各国历史所未有之先例。

二、代表中国感谢美国朝野援助中国抗战之热忱。

三、今后世界重心将由大西洋移于太平洋……必须太平洋东西两大国家之中、美两国有共同之主义与长期合作……

四、战后太平洋各国应以开发西太平洋沿岸之亚洲未开发之物资与解放其被压迫民族，使世界人类得到总解放为第一要务……

五、中、美两国乃为太平洋上东西两岸惟一之大国……将来太平洋能否永久和平……其责任则全在吾辈，即此一时代两国国民共同之肩上也。

2月13日，蒋介石又发电指导说：

蒋夫人：

关于对国会演说之意，除昨电数点之外，再另有数点可作参考：

一、美国会对于中美平等新约及其撤销在华特权之议案，于十一日一致通过，表示此为中、美两国友爱之基础，无任感慰之意，此点应否提及，请再斟酌。

二、深信华盛顿总统今日如尚在世，则其必主张美国须与东方被压迫之民族共同奋斗。又如林肯总统如果生于今日，亦必如今日罗斯福总统以解放被压迫人类为己任。此乃美国立国平等、自由之精神……而我中国孔子大同世界与国父孙博士三民主义立国之基本原理也。如何？请教之。

同一天，蒋介石追加了一封信：

蒋夫人：

对国会讲演，语意切不可使听者觉有训斥之感，亦不宜有请求之意……其次，应使听众能移其目光，留心于太平洋问题之重要。再次，认定日本为中、美两国共同之敌人，非根本打倒不可。再次，战后亚洲经济地位之重要，若不准备大量开发亚洲，尤其是中国之资源，则战时之机器与资本及技术将无所施用，必致废弃。若能以中国之物资与美国之机器，以中国之人力与美国之资本配合，则中、美两国百年内之经济皆无虑其缺乏……

1943 年 2 月 18 日，宋美龄在美国国会的演讲取得巨大成功。美国总统夫人、副总统兼参议院议长、全体参议员及其他美国政要济济一堂，议员席和旁听席座无虚席。宋美龄的演讲不时被掌声打断，有时掌声长达五分钟之久。演讲结束后，一位议员对记者说："我从来没有见过这样的场面，宋美龄几乎让我们落泪。" 这对中国争取美国各界了解、同情、支援抗日战争，起到了重要作用。

争取 500 架飞机

1943 年 2 月 12 日，蒋介石对美国不肯支援中国战斗机一事，深感不悦。他致电正在美国治病的宋美龄："蒋夫人：兄致罗总统函意之电，乃我国在日（目）前维持战场最低之要求，亦是极少之数量。未知其政府为何连此极少而可能之物品不肯作切实之答应，令我军民皆莫名其妙。阿诺尔对此尚未能解决。故彼此来，兄认为并无结果。有便与当局婉言之。彼对陈纳德（美国援华空军'飞虎队'队长）只增加重轰炸机卅六架，兄以为不能发生作用也。"

宋美龄随即就支援中国战斗机一事，与美国官员周旋。很快，她复电蒋介石："美决即运华轰炸机三十五架，业已开行。几次续运三十五架，秋初再运二百六十架。妹拟请罗斯福……提早从速供给应用。兄需要五百架亦当设法转告……昆明、桂林及附近机场（跑道）长度不足，每处须加长二千五百公尺，否则大飞机不得降落。盼即饬办，以免再以此藉口。"

但这离中国战场实际需要的飞机数量相去甚远。1943 年 3 月 14 日，蒋介石致电同在美国的宋子文并宋美龄："罗（斯福）总统原电谅达。其中所称补足陈纳德部飞机五百架，而对中国空军仅以战斗机与轻轰炸机若干队，且未明言机数……余所指五百架飞机，专为补充中国空军在前方维持五百架飞机之战斗力，而非指美空军陈纳德将军所部之飞机数量也。"

宋美龄收到蒋介石的电报后，几经交涉，终于使美方允诺向中国提供300架飞机。5月24日，她电告蒋介石："顷据毛邦初（中国空军在美负责人）报告：美方决定贷给我A24机一百五十架，由四月份起在美交货；P40N1机一百五十架，由五月份起交货。以上两项均定于十二月底交完。"

谋求四大国地位

当时，对于战后美英等国对中国的地位和利益究竟如何安排，宋美龄是忧心的。1942年12月24日，她致电蒋介石说："妹恐战后英、美、俄又将忙于己身利益，将置我国于不顾。"

1943年1月，蒋介石回电宋美龄，要她在美积极宣扬中美友谊。"自一八四二年鸦片战争以来，此百年间，中国之领土与主权几被世上每一国家所剥夺，惟有美国对中国不但无侵略我领土之行动，而且时时领导各国表现其恢复中国主权之事实……殊非任何各国关系之所可比拟也。"

对战后中国地位，盟国之间有分歧，美国主张将中国列入四强之一，但英国反对。蒋介石对此了然于心。宋美龄体察蒋介石的心意，1943年5月24日，她致电蒋介石，汇报了几个月来驳斥英国的努力："日前丘吉尔向全世界广播演说（指3月21日丘吉尔以'先欧后亚'为主旨的广播演说），建议战后由英、美、俄总揽一切，完全将中国摒弃门外。妹认为实有加答复之必要，以免丘吉尔以为我之可欺，而加紧排斥我国之工作。且因心理、时间关系，乃即于（三月）二十二日晚芝加哥演词中加以巧妙之反驳。"

宋美龄抨击丘吉尔贬抑中国国际地位的演讲，赢得了美国政要的支持。美国国会民主党领袖麦克卡麦克批评丘吉尔："我们不能存有击败日本为次要之观念。中国必须出席和平会议，应有他合理的地位，并非为一被救之儿童。中国为四强之一，应决定将来之和平会议。"在中美两国舆论的压

力下，英国被迫改变立场。其外交大臣艾登一改丘吉尔绝口不提中国的论调，首次称中国必为四强之一。（撰文：曾景忠）

引退溪口的背后

抗日战争胜利后，中国又陷入了内战。1948 年冬，国民党政府军队在与中国人民解放军的决战中，败局已定。1948 年底，对美援抱着一线希望的宋美龄，远赴美国，试图寻求支持。

早在 1948 年 6 月，美国驻华大使司徒雷登就向美国政府报告，认为不必继续对华援助。当年 10 月，他又建议让蒋介石退休。12 月，司徒雷登向国民党政府有关人士提出与中共和谈并让蒋下野的主张。

司徒雷登的这些举动，让蒋介石大为恼火。1948 年 12 月 23 日，他发电报给正在美国的宋美龄说："其政府（指美国政府）虽一再声明不干涉中国内政，而其大使（指司徒雷登）在华言行，实已干涉我内政，而且无异促我下野。可痛之至！"

蒋介石没想到，他的妻子此时在美国也备受煎熬。抗日战争期间，宋美龄访美曾受到热烈欢迎。但这一次，她四处碰壁。她原本希望通过与她熟识的美国国务卿马歇尔，向美国总统杜鲁门疏通，但遭遇冷眼。

与此同时，中国国内关于早日结束内战、实现和平的呼声越来越强烈。中共方面表示愿意和谈，但条件是蒋介石下台。在国民党内，李宗仁、白崇禧等人也要求蒋下野，以便与中共和谈。在国内外的强大压力下，蒋介石不得不在 1949 年 1 月 21 日宣布引退。当天，蒋介石抵达杭州，次日回到家乡奉化溪口。

同一天，宋美龄从美国致电蒋介石："报载：兄已于马日（21 日）返乡小住。对兄之健康与安全，妹万分忧急……妹已另电经国，请兄日内同来加拿大。妹当在加拿大候兄，会商一切。"

次日，宋美龄又致电蒋介石，继续劝蒋外出："兄此次返乡休息，深思之后，颇觉安慰。盖兄为国服务已二十载，从未有适当休养，朝夕辛劳，爱国之忱中外皆知……年来欧美之军事、实业建设、科学日臻猛进……兄可乘此时机外出一行，以广耳目，藉以充实精力。"

1月24日，蒋介石复电宋美龄："乡间甚安。兄决在乡静养，暂不他往。"

宋美龄建议蒋介石离国出洋，固然是对蒋介石的关切，希望他能休养身体，开阔眼界。但这未免有点天真。她没有意识到国内政局的复杂和微妙：一方面，蒋介石引退后，暗中仍在决策国民党政府从大陆撤退和重整党政军队伍的大计，此时不可能离开中国；另一方面，国民党内外的反蒋势力，最希望蒋介石出国，以斩断他和国民党军政势力的联系。1949年3月12日，在时任代总统李宗仁的授意下，南京《救国日报》发表了《蒋不出国则救国无望》一文。不久，国民党政府和谈代表张治中前往溪口看望蒋介石。蒋介石见到张治中后，先声夺人："你们的来意是要我出国，报纸已经登出来了。他们逼我下野是可以的，要逼我亡命就不行！"

1949年，蒋介石还忙于指挥从大陆撤退。宋美龄在美国待了一年多之后，于1950年1月离美赴台，和已到台湾的蒋介石会合。（撰文：曾景忠）

蒋介石五大谜案

中国社会科学院教授杨天石是近代史专家，尤其以对蒋介石的研究而闻名。从 20 世纪 80 年代开始，他独自一人踏遍各地，寻访有关蒋介石的种种资料。

历史资料浩如烟海，仅有关蒋介石本人的直接资料，就分为日记、信函、档案、历史文件等，分别存放在中国大陆、中国台湾、美国、日本等不同地方。其中很多是孤本，既不外借，也不能复印翻拍。大部分时间里，杨天石奔波于不同的档案馆和图书馆，逐字逐句抄录这些从未与世人谋面的珍稀史料，发掘鲜为人知的秘密。

蒋介石日记原件现存放于美国斯坦福大学胡佛研究院。直到 2006 年 3 月 31 日，蒋介石的日记（1917—1931）才第一次对公众开放。得到消息的杨天石提前到达美国，开放当日一大早就在门外守候，并第一个见到日记真面目。在接下来的两年中，胡佛研究院又陆续开放了蒋介石 1932 年至 1955 年的日记。为此，杨天石又两度赴美，抄录下大批珍贵的资料。

杨天石并没有轻易发布这些日记的内容，而是希望通过潜心研究、仔细求证，从而厘清历史脉络，尽可能真实地还原历史的本来面目。2009 年 5 月上旬，杨天石向笔者讲述了他此前数月对最新公开的日记的研究成果——蒋介石生前五大谜案。让我们同杨天石教授一道，解读蒋介石日记，揭开这些历史谜案的真相。

谜案之一：与宋美龄的真假爱情

关于蒋介石和宋美龄的婚姻问题，一直有很多传闻。最广泛的说法是，蒋宋之间是一场政治婚姻，两人并没有真正的爱情。尤其是后来有美国人出书，称蒋介石偏安重庆时期，宋美龄曾与美国总统罗斯福的特使温德尔·里维斯·威尔基有过一段婚外情等，更给蒋宋的婚姻蒙上了一层迷雾。

蒋介石日记开放至1955年，那时他已68岁，宋美龄也已58岁。可以说，至此他们的婚姻问题可基本定性。杨天石教授通过研究蒋介石的日记，认为“蒋介石和宋美龄的婚姻，有很深厚的爱情基础”。

“平生未有之爱情”

“奢靡趋俗，招摇败名”，“以洁如治家无方，教育幼稚，不胜怨恨”……这些出自蒋介石早年日记的怨言，是对其前妻的评价。

蒋介石在与宋美龄结婚之前，有过三位妻妾，分别是原配毛福梅，第二位姚冶诚和第三位陈洁如。但在他早年的日记中，常常慨叹自己是不幸婚姻的受害者。直到1927年底和宋美龄结婚以后，蒋介石对婚姻的看法发生了一百八十度的转变。

1926年，蒋介石在广州第二次见到宋美龄时，对这位“美妹”产生爱慕之情。1927年12月1日，经过执着追求，蒋介石终于和上海名门宋家三小姐结为秦晋之好。他完全沉浸在一场春风得意的爱情盛典中。当日，他在宋家的要求下接连举行了两次婚礼，一次是在宋家举行的简洁的教会婚礼，一次是在大华饭店举行的豪华、时尚的婚礼。从当天的日记中，看得出蒋介石的心情极好。蒋介石写道："见余爱姗姗而出，如云霞飘落，平生未有之爱情，于此一时间并现，不知余身置何地矣。"他还详细写下他们婚礼后乘车游行、晚宴，以及最后进入新房的情景。可惜后面日记的三行字被墨笔涂去，只能隐约看出最后三个字好像是"乐无穷"。

因为宋美龄在宋家姐妹中排行第三，蒋介石在日记中常以"三弟""三妹"来称呼她，而"爱妻"和"爱"更是蒋介石对宋美龄独有的蜜语和昵称。

其后，沉浸于新婚甜蜜中的蒋介石与宋美龄，时而缠绵在上海的家中，时而沐浴于汤山的温泉。此一阶段，蒋介石在日记中充满了喜悦的记述，家庭幸福是他最喜欢的话题。

蒋介石年轻时追随孙中山参加革命，好武尚斗，喜爱冒险。杨天石从蒋日记中看出，与宋美龄结婚后，蒋介石改掉了很多坏毛病。他坚持写日记的目的之一，也是为了修身养性。在此后的日记中，他对家庭和感情的记述明显增多了。

"别后黯然销魂，更感悲戚"

1985 年，美国人迈可·考尔斯出版了一本名为"迈可回顾"的回忆录。书中写道，1942 年 10 月，美国总统罗斯福的特使威尔基访问重庆，作为随员，考尔斯见证了这位特使与宋美龄发生的"风流韵事"——秘密约会。"蒋介石发觉，气愤至极，率领手持自动步枪的士兵前往捉奸"等。

杨天石教授告诉笔者，史学研究者一致认为这是美国人的"恶作剧，是很荒唐的事"。实际上，考尔斯并非这段"桃色新闻"的始作俑者。早在 1974 年，美国出版的《皮尔逊日记》一书就曾谈到威尔基访问重庆时与蒋夫人有染。在美国的宋美龄读到此书后大为震怒，将出版商告上法庭。最终出版商进行了公开道歉，并承诺再版时将诽谤的文字删除。

杨天石教授为了拿到自己的"证据"，专门对威尔基访问重庆那段历史进行了考证。他几乎收集了当年重庆《大公报》的所有报道和相关档案资料，把威尔基在重庆 6 天里所有的活动排列了一遍，甚至把时间精确到了分钟。整理之后的日程表让人一目了然：威尔基紧密的行程中，没有任何可以和宋美龄单独约会的空隙。

杨天石教授说，还有一点也许不为外人所知：那时的宋美龄一直身体不好，她是不是那种风流女子暂当别论，但她当时根本就无暇他顾。早在抗战初期，宋美龄到淞沪前线劳军时，突然遭遇日军飞机空袭。她乘坐的汽车在躲闪中翻车，自己也受了伤。从那以后，宋美龄就常年疾病缠身。1942 年，她的身体更是每况愈下。10 月 27 日，蒋介石在日记里写道："妻体弱时病，未能发现病因，甚忧。"两日后又写道："妻体弱神衰，其胃恐有癌，甚可虑也。"10 月 30 日他再次写道："恐妻病癌，心甚不安，决令飞美就医，早为割治。"四天时间里，蒋介石在三篇日记里写到宋美龄的病，一来说明宋美龄的病情确实很严重，二来也表明了他对妻子的爱怜之情。

杨天石教授认为，从这些日记里可以清楚看出，宋美龄此后访美确是去看病，而非像美国人所说的与威尔基之间的"私情"有关。

宋美龄访美起程前，蒋介石依依不舍，愁肠百结。这一心情在 1942 年 11 月 2 日的日记中体现得淋漓尽致："为妻将赴美，此心甚抑郁，不知此生尚能有几年同住耶？"11 月 17 日下午，蒋介石和宋美龄一起讨论她赴美国的一些注意事项，回到住所后，"夫妻依依，甚以明日将别为忧也"（当天的日记）。在 11 月 18 日的日记中，蒋介石用大段篇幅记述了送别妻子的过程，精确到每一个时间点："五时醒后不能安眠，默祷妻此行平安成功……九时，送妻至九龙铺机场，同上机，送至新津大机场，换大机……十二时，送妻登机……别时，妻不忍正目仰视，别后黯然销魂，更感悲戚。"

宋美龄走后，蒋介石更是备感惆怅。他在 11 月 19 日的日记中写道："'平时不觉夫妻乐，相别方知爱情长。'别后更觉吾妻爱夫之笃，世无其比也。"宋美龄到达美国后，经医院检查，确认没有患癌症。消息传来，蒋介石大喜："妻于二十六日平安飞到美国，并据医者检查，决无癌症，此心甚慰。”

其后，蒋介石对宋美龄仍思念延绵。11 月 29 日，他又在日记中写道：“妻于十八日赴美，临别凄怆，儿女情长，今又获一次经验也。”

那年春节，宋美龄一人在美国度过。除夕之夜，蒋介石在日记中写道：“今日为旧历除夕，孤身独影，萧条寂寞极矣。”类似这样的记述还有很多，杨天石教授常常边看边叹息：和宋美龄分隔两地期间，蒋介石对妻子的顾念之情，溢于纸上，绝不是伪装出来的。没有真情实感，哪能写得出来。

“凡认余为父者，只能认余爱妻美龄为母”

在蒋介石眼里，宋美龄不仅对自己有情有义，对自己的事业也是一心一意地支持。

早年蒋介石生病的时候，因为前妻姚冶诚没有照顾好他，他就在日记中大骂她不贤良。而宋美龄在蒋介石生病中的表现，则大大出乎他的意料。1934 年 2 月 23 日，病中的蒋介石在日记里记述：“妻护病保身，无刻不在心，无微不至，诚贤良也。”因为操劳过度，宋美龄自己也病倒了。8 月 1 日，蒋介石在日记中表达了对宋美龄的愧疚之情：“妻为我受热忍苦致病，可感也。”

20 世纪 30 年代初，中原大战爆发，中央政府缺钱，蒋介石找时任财政部部长的宋子文借钱，被拒绝。这可急坏了宋美龄。她面见哥哥说，我知道蒋介石的脾气，你不给他筹钱，他一定失败；如果失败，他一定会自杀；如果他自杀，我也绝不活着。宋美龄还把自己的房产和珠宝交给宋子文作抵押，并发誓如果蒋介石在前方殉难，她也将一同赴死。宋美龄的做法震撼了家人，宋子文为此也转变了态度，决定为蒋介石筹措经费。

在抗日战争时期，蒋介石的日记中也大量记述了宋美龄的出访和外交活动。1943 年 3 月 2 日，他在日记中充满自责地写道：“余妻昨日在纽约市政六厅演讲，几至晕厥，其身心之疲乏与精神之愤懑可想而知。此余之审事不周，任其单身前往苦斗之过也。”

在蒋介石的日记中，不仅有他对宋美龄的情与爱，某些文字中甚至流露出他对宋美龄还有超乎寻常的依恋。

蒋介石曾在1930年12月4日的日记中写道：“自我有智识以来，凡欲出门之时，必恋恋不肯舍弃我母。到十六岁时，必待我母严责痛击而后出门，及至二十余岁犹如此也……近三年来凡欲出门时，此心沉闷惨淡，必不愿与妻乐别者，岂少年恋母之性犹未脱耶，余诚不知所以然也。”

宋美龄一生没有生育子女，蒋介石认为是一大遗憾。为了巩固宋美龄在蒋家的地位，蒋介石曾经在1934年和1936年两次立下遗嘱，嘱咐他的两个儿子：“余死后，经国与纬国两儿皆须听从其母美龄之教训，凡认余为父者，只能认余爱妻美龄为母，不能有第二人为母也。”

杨天石教授说，蒋介石强调宋美龄是他两个儿子的唯一合法母亲，正是因为蒋氏出于对宋氏的爱恋之情，希望确立她独一无二的蒋夫人地位。

1949年5月，大势已去的蒋介石准备逃往台湾。5日下午，蒋介石带着蒋经国专程来到上海的东平路，这里是他当年与宋美龄结婚时的新居“爱庐”，临别他要再看一眼。那时宋美龄还在美国，不知归期。蒋氏的心情不禁流露在当天的日记里：“晡与经儿同往虹桥路岳父母墓前敬谨告别，回程到东平路爱庐视察，全室皆空，但觉凄凉与愧惶而已。”（撰文：路琰）

谜案之二：因何成为基督徒

伴随蒋介石日记开放的，是一本手抄的《圣经》首次曝光，非常引人注目。这本文言文版的《圣经》，是由蒋介石的侍从秘书手抄而成，共六册。《圣经》里时有蒋介石的圈点、眉批，眉批后还标有日期。从已发黄的《圣经》可以看出，蒋介石不仅读了多遍，而且几乎爱不释手。

1941 年，蒋介石和宋美龄在陪都重庆的黄山官邸用餐

在台湾期间，蒋介石和宋美龄常常泛舟日月潭

此前，人们都说蒋介石成为基督徒，是他当年要娶才貌兼备的宋美龄为妻付出的信仰代价。此次，通过研究蒋介石的日记才知道，他是如何从一位三民主义者，一步步转变成一名基督徒，并最终将基督教作为精神支柱的。

曾经读马列“乐而不能悬卷”

蒋介石早年追随孙中山，信奉三民主义。其间，他受新思潮的影响，一度崇拜共产主义，醉心马列思想。这在他当年的日记中有详细记述。

“五四”以后，知识分子如饥似渴地阅读各种新式书报，想从中找寻救国真理，蒋介石也不例外。他自觉地、有计划地阅读《新青年》等刊物和社会主义、马克思主义等方面的书籍，俨然是个思想开通、追求进步的新派人物。

蒋介石在 1919 年 12 月 5 日的日记中写道：“上午，看《新青年》。往访林士及执信（编者注：赵林士、朱执信都是当时追随孙中山的民主革命人士）。下午，看《新青年》。”1923 年 10 月 4 日，他在日记中记载：“上午复看《马克思学说概要》，习俄语，下午看《概要》。”

马克思的经济学说给蒋介石的第一印象是深奥难读。他读了三遍，还感到“不能十分了解”。有时，他不得不掩卷而去，但是，读来读去，他终于读懂了一些，并有了兴趣。

他在 1923 年 10 月 18 日的日记中写道：“看《马克思传》。下午，看《马克思学说》，乐而不能悬卷。”看书看到了“不能悬卷”的程度，说明蒋介石对马克思主义已经有了一定的了解，并有了一定的感情。

同年 11 月 21 日的日记写道：“看《列宁丛书》。”

在阅读马列著作的过程中，蒋介石起先接受了某些观点。1925 年 11 月，他要为黄埔军校第三期同学录作序，打算既谈人生观，也谈宇宙观。苦无心得，最后决定重点阐述“精神出自物质，宇宙只有一原”的观点。显然，这是马克思主义唯物论的基本观点。然而，这一时期，蒋介石又读到了《泰戈尔传》，使他的思想产生了矛盾。11 月 12 日，他在日记中写道："泰戈尔以无限与不朽为人生观之基点，又以爱与快乐为宇宙活动之意义。列宁以权力与斗争为世界革命之手段。一以唯心，一以唯物。以哲学言，则吾重精神也。"这段日记表明：在唯心与唯物的对立中，蒋介石选择了"唯心"。这成为蒋介石后来拒绝马克思主义，走向基督教的起点。

祈祷"天父在上，大显神通"

据杨天石教授介绍，蒋介石成为基督徒，虽与他和宋美龄的婚姻有关，但并不是决定因素。蒋、宋结婚前，宋家并未以蒋介石入教作为条件。蒋介石从上海到日本去见宋美龄的母亲倪珪贞，老太太也没有要求蒋介石信基督教。

一年以后，宋家老太太对蒋介石说，我们一家都信基督教，你也信基督教吧。蒋介石当时回答得相当坦诚："对基督教的教义我还不了解，让我研究以后再说吧。"虽然这次婉言拒绝了，但此后蒋介石真的下功夫读了《圣经》。后来，宋家老太太患重病，蒋介石其实还在犹豫要不要成为基督徒。但因为岳母对他非常好，为了使老人得到一点安慰，他就承诺愿意受洗入基督教。

虽然承诺受洗，一开始蒋介石仍不是虔诚的基督徒。但有两件事情很快改变了蒋介石的态度。

第一件事。1929 年 12 月 1 日，是蒋介石和宋美龄结婚两周年纪念日。当天，蒋介石在南京接见第十三路军总指挥石友三，命他率部南下广东，参加对张发奎和李宗仁联军的作战，并准备在中途将石消灭。

其实，石友三对蒋的阴谋已经预知，故佯称准备完毕。蒋介石自以为得计，回房睡觉。宋美龄对他说："我总觉得有一种不祥的预兆。"蒋劝她安心睡觉。一会儿，宋美龄又惊醒。告诉蒋介石她做了一个噩梦，梦见一条血河。蒋说她太紧张了。谁知半夜两三点钟，他们被一阵轰轰的炮声震醒，原来石友三造反了，形势十分危急。

天亮后，宋美龄给在上海的母亲打电话，请她为他们祈祷。两小时后，宋母发来一份电报说："敌人将会自动退去。"原来宋母祷告后翻开《圣经》，其上正好写道："仇敌起来攻击你，耶和华必使他们在你面前被杀败。他们从一条路来攻击你，必从七条路逃跑。"说来也巧，事情的结局真的像《圣经》说的那样，石友三没有继续向南京进攻，而是向北撤走了。宋母说这是基督的恩典，使他们转危为安。蒋介石亦不由得不信。

第二件事。1930 年爆发了中原大战，蒋介石亲自去陇海前线督战。5 月 31 日，他乘专列悄悄来到朱集车站，指挥部就设在列车上。当晚，冯玉祥派部下郑大章率领骑兵队，急驰 40 公里，偷袭距离朱集车站很近的归德飞机场。骑兵队烧毁蒋军 12 架飞机，俘虏几十人，却没有发现蒋介石在列车上。当时，蒋介石躲在车厢内，双膝跪地，泣声祷告："天父在上，大显神通，今夜只要护卫中正脱险，我一定洗礼入教……"脱险后，蒋介石认为是祈祷起了作用，自此决定全身心信奉基督教。

用《圣经》卜问"国运"

入基督教后，蒋介石虔诚地向"天父"祷告。久而久之，他对基督的信仰，成为支持他渡过重重难关的精神力量，尤其是在 20 世纪 40 年代末期。

1947 年底，东北战况危急时，蒋介石即在日记中写道："至十时祷告三次，天父许我明年圣诞节可消灭山海关以内各省之'共匪'，并令我不可放弃永吉、长春各要据点。可知天父之意者皆合实际与必然之理，凡遵照天意者必皆成功也。"蒋介石在日记中写到"天父""上帝"时，常在前面空一格以示尊崇。

1947 年 12 月 29 日，蒋介石在日记中写道："十日来各战区告急，失败电报如雪片飞来，诚令人有应接不遑之感。但此心反无忧惧，夜间安眠胜常。以存亡大事，上帝必有意者，绝非人力所能强制，故自问无愧。"

即使战况持续恶化，蒋介石对“天父”并无怨尤，而以多祷告表达虔敬之心。

在1949年1月1日的日记中，蒋介石写道：“今日又是一个新年新日子，我的德行心灵果有新进否？去年一年的失败与耻辱之重大，为从来所未有之。幸赖上帝的保佑，竟得平安过去了。自今年今日起，必须做一个新的人、新的基督人，来做新民，建立新中国的开始，完成上帝所赋予的使命，务以不愧为上帝的子民，不失为基督的信徒自誓。去年一年经过全年的试验，遭遇无数的凶险，对于上帝与基督的信心毫不动摇，实可引为自慰也。”

战场上一败再败，但是信奉基督的蒋介石坚持认为，“天父不会亏待我”。

退守台湾后，蒋介石在日记中曾多次说到自己在上帝面前祷告，称如果“神要赋予我这个使命，那么为了中国的统一大业，不惜自己的生命”。

1949年10月1日，中华人民共和国宣告成立。退缩在台湾的蒋介石则仍在用《圣经》卜问“中华民国”的存亡问题。

蒋介石在10月10日的日记中写道：“今日国庆双十节，四时起床，盥洗后凝神默祷，卜问‘中华民国’存亡前途。得使徒行传第9章41节之启示。有彼得拯救多加起死回生之象。感谢上帝，使我‘中华民国’得由忠贞子民介石之手，能使之转危为安，重生复兴也。”[当时，蒋介石祷告后，打开《圣经》，看到《使徒行传》第9章41节，原文为“彼得伸手扶她起来，叫众圣徒和寡妇进去，把多加（天父的女徒）活活的交给他们”。]

10月31日，是蒋介石的生日。他在当天的日记中写道：“本日为余六十三岁初度生日，过去之一年实为平生最黑暗最悲惨之一年。当幼年时，命相家曾称余之命运至六十三岁而止，其意即谓余六十三岁死亡也。惟现在已过今年之生日而尚生存于世，其或天父怜悯余一片虔诚，对上帝对国家对人民之热情赤忱，始终如一有增无已，所以增添余之寿命而留待余救国救民护卫上帝教会，以完成其所赋予之使命乎？”

杨天石教授告诉笔者，此时靠求神问卜来保佑“国家”命运的蒋介石，已经荒唐到无以复加的地步了。（撰文：张建魁　路琰）

谜案之三：“二二八事件”中有没有下过屠杀令

1947年的“二二八事件”是台湾一段沉重的记忆。“事发时，蒋介石是否下过屠杀令”，一直成为台湾蓝、绿阵营互相攻讦的政治议题。每到台湾选举日或“二二八”纪念日，这场血案就会被民进党拿出来当悲情牌，打击国民党。

“二二八事件”始于一次缉私行动。1947年2月27日中午，台湾省专卖局台北分局接到密报：有人走私卷烟。当查缉员赶到台北市南京西路的天马茶房时（今延平北路附近），走私贩早已逃散，只有一名40岁的寡妇林江迈在叫卖香烟，其中有走私烟。查缉员没收了她的全部香烟和现金。林江迈跪在地上，抱着查缉员的腿哀求道：“我还要抚养一子一女，如果全部没收的话我就没饭吃了，至少把钱和专卖局制造的香烟还给我吧……”围观的人纷纷为林江迈求情。查缉员唯恐情势失控，用枪托击打林江迈的头部，迫使她松手。

鲜血从林江迈的头上流下。这一幕深深刺激了围观民众，他们愤而包围查缉员。一名查缉员开枪示警，子弹误中在自家门口看热闹的市民陈文溪（当时年仅20岁，次日死亡）。随后，查缉员躲进警察局。当晚，激愤的群众包围了警察局，要求惩凶。2月28日，台北市民通告罢市，示威请愿，并占领了广播电台。随后，风暴席卷整个台湾，示威群众遭到军警镇压，造成数千人伤亡。这段流血的历史，被称为“二二八事件”。

台湾不测之变，“苦心焦虑不知所极”

就在“二二八事件”发生的第二天（1947 年 3 月 1 日），蒋介石写了一篇日记《上星期反省录》：“台湾群众为反对纸烟专卖等，起而仇杀内地各省同胞，其暴动地区已渐扩大，以军队调离台湾，是亦一重要原因也。”

这是蒋介石日记中对“二二八事件”的第一次记录，表明他对事件的起因做出了初步判断：“暴动”的导火线是台湾群众反对纸烟专卖政策，但“暴动扩大”的根源，是 1945 年台湾光复后，南京国民政府把驻台的第六十二师、第七十师调离台湾，投入内战的战场上，使得台湾驻军不足，无法及时控制“暴动”局势。

当时，台湾行政长官兼警备总司令陈仪，是蒋介石在日本士官学校的老同学，也是国民党里的“台湾通”。蒋介石对陈仪一直信任有加，甚至同意他在台湾实行高度集权的行政长官公署制度。但“二二八事件”发生后，陈仪先是隐瞒不报；局势失控时，又张皇失措，于 3 月 6 日派高雄要塞司令彭孟缉的军队分三路向市区进击；最后事态日益严重，才急电南京国民政府，要求调派整编二十一师的一个加强团和宪兵一营来台平乱。

蒋介石震惊之下，对陈仪大失所望。从 3 月的第二个星期开始，出兵延安的计划以及台湾“二二八事件”，成为蒋介石日记中最关心的两件事。蒋介石在日记中写道：“台湾暴力形势已扩张至全台各城市，严重已极。公侠（即陈仪）未能及时报告，粉饰太平，及至祸延燎原乃方求援，可痛。华北延安‘共匪’祸正炽，而又加此不测之变，苦心焦虑不知所极。故本月多为处理台变忙碌也。”

“惟无精兵可派”，“现时惟有怀柔”

1947 年 3 月 7 日，蒋介石考虑派兵台湾之事。他在当天的日记中写道：“台湾暴动自上月 28 日起，由台北延至全台各县市，对中央及外省人员与商民一律殴击，死伤已知者达数百人之众……特派海陆军赴台增强兵力。

此时‘共匪’组织尚未深入，或易为力。”

但是，蒋介石已将大部分兵力投入内战中，他面临无兵可调的局面。反复思量后，蒋介石又写道：“惟无精兵可派，甚为顾虑。善后方策尚未决定，现时惟有怀柔以稳。台民初附，久受日寇奴化、遗忘祖国，故皆畏威而不怀德也。”

杨天石教授对笔者分析道：“‘怀柔’一词，源于《诗经》，是用笼络和感化的方法，解决对抗力量之间的激烈冲突，避免大规模流血。‘现时惟有怀柔’，意味着蒋介石决定采用温和的方式。这篇日记奠定了蒋介石处理‘二二八事件’的基本策略。”

蒋介石为何选择“怀柔”？通过对蒋介石日记和其他历史资料的研究，杨天石教授认为有两大原因。

其一是1947年的时局。当时抗战结束不到两年，中国百废待兴。沦陷区接收、政府组织重建、各党派政治协商等，千头万绪，交逼而至。特别是国共内战，成为蒋介石的第一要务。“二二八事件”在蒋介石的全盘工作中，只是一个突发的热点。

其二是台湾的特殊情况。1945年10月25日，台湾结束了自中日甲午战争后长达50年的日据时期，归还给中华民国。在陈仪的集权统治下，台湾社会形成了复杂的关系——与大陆隔绝50年的台湾居民，对国民党当局深感失望；从大陆迁入台湾的近两万名国民党公务人员，与台湾民众有所隔阂；留在台湾的8000多名日籍人员，时时和台湾民众发生冲突；在日据时期成长起来的“台湾精英”，仇恨国民党公务人员霸占公职，使得他们升迁无门。“二二八事件”的发生，使台湾人和外省人的隔阂、台湾人和日本人的仇恨、“台湾精英”和国民党统治者的争夺，都找到了一个宣泄的出口。“暴动”演变成一个极其复杂的事件，蒋介石不得不慎重处理。

“严禁军政人员施行报复”

1947年3月8日，迫于局势，蒋介石开始调兵台湾和部署党务，他在当天的日记中写道："朝课后考虑台湾问题与延安方略，召见刘雨卿（编者注：驻防昆山的第二十一师师长）指示对台湾注意各点。正午约李翼中（编者注：台湾省国民党党部主委）等谈对台湾处理具体方案。"第二天的日记中又写道："朝课后写公侠信，召见刘雨卿等指示到台湾后之方针与部署毕。晚与健生（即白崇禧）谈台湾与华北情形。"

当天，刘雨卿向蒋介石辞行，率第二十一师师部及第一百四十六团开赴基隆。蒋介石对刘雨卿下达的指令是："宽大处理，整饬军纪，收揽人心。"同时，他指示陈仪道："政治上可以退让，尽可能地采纳民意。军事上则权属中央，一切要求均不得接受。"

但两万大军抵达台湾后，仍然和"暴动"民众发生了严重的流血冲突。蒋介石得知后，在3月12日的日记里再度批评陈仪"不自知其短缺，使余处理为难"。第二天，他亲笔手书，严厉指责陈仪："请兄负责严禁军政人员施行报复，否则以抗令论罪。"当晚，蒋介石找来国防部部长白崇禧，面谈台湾情形，决定由蒋经国陪同白崇禧，前往台湾视察、慰问。3月19日，当白崇禧在台湾视察时，蒋介石又追加了一封急电给白崇禧，要他转命刘雨卿："应特别注重军纪，万不可拾取民间一草一木……勿使官兵借口败坏纪律。"直到台湾局势平静，蒋介石才松了口气，在日记中表达了对自己派兵决定的满意："台湾事变自军队运到后已大半敉平，然亦未曾根本解决也。可知新复之地与边省全靠兵力维持也。"

杨天石教授分析说："'二二八'悲剧的造成，蒋介石无疑要负责任，他迷信军队的作用。但考察蒋介石在这一时期的日记、与军方的来往函电，都没有发现他下达过屠杀、诛戮的命令。国民党军队显然做不到令行禁止，滥捕、错杀屡有发生。正是这一点，被民进党当作了政治攻讦的工具。以'二二八事件'的死亡人数为例，民进党说有20万人。我查阅了台湾行政院所辖的'财团法人二二八基金会'的补偿记录，上面写道'计本省人死亡673人，失踪174人，其它羁押、徒刑、伤残、健康名誉、财务损失共1237人，合计为2084人'。这才是比较可靠的数字。"

直到1947年四五月间，蒋介石日记中的“反省录”与“工作课目”，还陆续出现有关台湾善后处理措施的记录，包括“研究台湾派员处理善后之时机”，“台湾省政府组织之发表”，“台湾省政府与行政长官公署存废时期之决定”，“台湾省政府主席与组织之决定”等。可见，对于“二二八事件”后台湾如何尽快恢复秩序，蒋介石颇为重视。（撰文：路琰）

谜案之四：为何大骂美英首脑

蒋介石亲美、亲英，是不争的事实。无论是在抗日战争时期，还是在国共内战中，蒋介石都得到了来自美英，尤其是美国的大量军事援助和经济援助。

但在蒋介石日记中，屡屡有他暴跳如雷，怒骂罗斯福、丘吉尔、马歇尔等人的文字。他为何会大骂美英首脑？他与这些人之间的关系究竟如何？

险被罗斯福刺杀

1945年3月15日、4月13日和4月30日，蒋介石先后在日记里大骂美国总统罗斯福“卖华”“侮华”，“畏强欺弱，以我中国为牺牲品之政策，实为其一生政治难涤之污点”。

蒋介石和罗斯福的积怨，最早始于“史迪威危机”。史迪威是罗斯福在“二战”期间派往重庆的最高军事代表，担任中国战区总司令蒋介石的参谋长，并指挥盟军在印度、缅甸战场的作战。由于史迪威一派“太上总督”的大国主义作风，蒋介石很快与他失和。1942年5月10日，史迪威不征求蒋介石意见，独自指挥中国远征军在缅甸、印度作战，蒋介石在日记里骂道：“史迪威对我在缅甸军队亦掉头不顾，对余无一请示，亦无一报告，独自径避印度，此实出于人情之外。”1943年6月28日，史迪威又拒绝将罗斯福的海军兵力表交给蒋介石，蒋介石在日记里痛骂："此人无常识、无人格，实难令人想象者，阅之痛恨。余令商（即军事委员会办公厅主任商震）前往斥责，彼方将此件随函送来，但仍未完全。史之愚顽、卑陋，实世所罕见；美国有此军官……岂不怪哉！"

根据解密的历史档案，1943年11月，中、美、英三国政府首脑在开罗举行反法西斯同盟会议。史迪威向罗斯福打了蒋介石的"小报告"："总统阁下，你一定想不到蒋介石这人有多糟糕。他巴不得你调几十万美军到中国战场与日军拼个你死我活，他好保持自己的军力，用以对付中共及其武装。"罗斯福回答道："蒋介石先生太固执、太自私，一点儿不顾大局……跟这样的人很难有效合作下去。我理解你的处境。你如果无法与蒋介石相处，又无法换掉他，那就在3个月内一劳永逸地把他干掉算了。3个月后，这个指令自动失效。"

史迪威带着罗斯福的绝密指令返回中国。1944年初，蒋介石打算视察中国驻印度军队。史迪威感到天赐良机，制定了刺杀蒋介石的"蓝鲸行动"：由美军军官潜入蒋介石的专机做手脚，当专机飞越喜马拉雅山脉时，发动机会突然发生故障，机上所有人不得不弃机跳伞。此时，他们会发现，机舱内所有的降落伞都已坏掉。侥幸的是，蒋介石因故改变视察计划，"蓝鲸行动"没有实现。不久，罗斯福的"3个月期限"已到，刺杀蒋介石的指令自动解除了。

到"二战"末期，罗斯福和蒋介石之间出现新的矛盾。这就是中国东北问题。1945年2月4日，美、英、苏三大国举行雅尔塔会议。斯大林提出：把原沙皇俄国在中国东北取得的权利完全转移给苏联。罗斯福为了让苏联出兵中国东北，减轻美国对日作战的压力，同意了斯大林的要求，签署了秘密协议。1945年2月8日，蒋介石在日记中担忧地写道："今日见罗、丘、斯里海会议（因雅尔塔地处里海附近，也称里海会议）第一次公报，一如所预料，其果与英、俄协议牺牲我乎？"此后，中华民国驻英大使顾维钧、驻苏大使傅秉常、驻美大使魏道明，陆续向蒋介石发来密电，告知罗斯福可能出卖了中国利益。蒋介石焦虑更甚，他在3月5日的日记中写道：“上午，批阅魏大使道明来电，得悉罗、斯对于远东方面之谈话：（一）满洲铁路，斯提国际代管而主权属华；（二）斯欲旅顺或大连为其出口之不冻港。罗斯福嘱其不必急急于此，而对我则主张旅顺为俄长期租借，其主权属于我云。阅此，但有痛愤与自省而已，‘雅尔塔’果已卖华乎？”

十余天之后，蒋介石通过各种情报，确认雅尔塔密约牺牲了中国东北。激愤之下，又无可奈何，他只好在日记中连续多日大骂罗斯福，以泄心头之恨。

和丘吉尔翻脸

1943年5月23日，蒋介石在日记中宣泄了对英国首相丘吉尔的愤怒：“昨日傍晚，接宋电称：华会廿一日会议中，丘吉尔突称‘西藏独立国，中国在此获得空军接济之时，不宜对藏用兵’……此诚帝国主义真面目暴露，不仅为流氓、市侩所不为，而亦为轴心、倭寇所不齿。”

原来，1943年5月，时任中华民国外交部部长的宋子文应邀参加太平洋会议。会上，丘吉尔突然抛开对日作战的主题，说道：“最近听说，中国集中队伍进攻西藏，使这个独立国家大为恐慌。希望中国政府能保证，不要有不幸事件发生。”宋子文反驳道：“我没听说有这个消息，西藏也不是首相所说的独立国家。中英间历次所订条约，都承认西藏为中国主权所有。”会后，宋子文致电蒋介石，汇报丘吉尔的言论。蒋介石勃然大怒。

半年后，在开罗会议上，蒋介石和丘吉尔碰面了。丘吉尔自知蒋介石对他不满，由于蒋介石不懂英语，他就直接向宋美龄挑衅道：“蒋夫人，在你心目中，我是不是坏人？”在这样的外交场合，宋美龄既不能说他是坏人，也绝不能夸他是好人。宋美龄就把“球”踢了回去：“丘吉尔先生，您自己怎么看自己？”会议结束后，蒋介石带着宋美龄，到印度视察中国远征军。作为报复，丘吉尔指示印度方面降低对蒋接待规格。英国驻印度总督只派出私人顾问到机场迎候蒋介石，既不在机场大厅铺红地毯，也不派军乐队奏迎宾曲。蒋介石大为光火。1944 年，当丘吉尔想效仿美国，邀请宋美龄访英并发表演讲时，蒋介石马上让宋美龄以“身体欠佳”为由拒绝了。

就在同盟国即将取得反法西斯战争的胜利时，蒋介石为香港主权问题，又和丘吉尔吵了一架。按照盟军方面的规定，香港日军划归中国战区统帅蒋介石受降。但丘吉尔以香港是割让地为由，坚持派英国海军前来受降。1945 年 8 月 17 日，高度关注英国在香港动向的蒋介石在日记中写道：“英军舰已驶到香港海附近，有重占香港之企图。”但蒋介石知道，他无力和丘吉尔抗衡，无法一举收复香港。他不得不在坚持主权的前提下，做出屈辱的让步。8 月 27 日，他又写道：“余委托英军官接收香港之主张，必须贯彻。可代表余——中国战区统帅接受香港日军之投降。”

三天后，英国海军上将以受降特使的身份到达香港，拒绝蒋介石的“委派令”。蒋介石在日记中怒斥：“英国欲强重占香港，不许我接收，并拒绝我委派军官接收香港之指令，痛愤无已。”丘吉尔和蒋介石僵持到 9 月，眼看 9 月 2 日同盟国接受日军投降的日期迫近，丘吉尔才做出让步，同意蒋介石委派英国军官受降。蒋介石大喜，写道：“是公义必获胜之又一证明。惟英国侮华之思想，乃为其传统之政策，如我国不能自强，今后益被侮辱矣！”

杨天石教授告诉笔者，纵观蒋介石日记，反复出现“汝忘英夷之仇乎”，“英夷不灭非男儿”，“英番不灭，国家焉能独立”，甚至“英番不灭，焉能解放全人类”的话。蒋介石和英国的关系，可用五个字概括：联英，又仇英。

马歇尔令他绝望

“二战”结束后，蒋介石着手打内战。在这一阶段的日记中，蒋介石并不认为美国人全心全意支持他，他对杜鲁门、马歇尔、司徒雷登等人充满猜疑、愤怒和失望。

1945 年 12 月 6 日，美国总统杜鲁门急召“二战”名将，65 岁的马歇尔，交给他一项新的任务：赴中国调停国共冲突。10天后，马歇尔到达中国。在他的斡旋下，局势出现转机。1946 年 1 月 10 日，国共双方签署了停战协定。

但蒋介石所期望的，并非是美国的调停，而是支持。这令他对马歇尔在华的作为，深感失望。他在 5 月 31 日的日记中写道：“若以马歇尔最近对余之态度而言，诚令人绝望。”6 月 26 日内战全面爆发后，马歇尔的“表现”令蒋介石更加恼怒。蒋介石在 7 月 13 日的日记中写道：“彼明知欲使共党接受其调处，已无希望，但仍一意对共党迁就，并不断对我施用压力。”次日，他在日记里讽刺马歇尔“最大之心病，甚恐局部冲突引起全面内战，又恐短期内不能获得解决，以致引起俄国之干涉”。7 月 17 日，蒋介石又大骂：“美国始终坚持其不用武力之主张，而置我国存亡绝续于不顾。至可痛惜也！”

1947 年，蒋介石和美国驻华大使司徒雷登也吵了一架。台湾发生“二二八事件”后，司徒雷登曾连夜会见蒋介石，声称接到美国驻台领事的紧急电报，美国认为台湾局势严重，要求派飞机接美国侨民回国。蒋介石对此非常反感，在日记中骂美国人“浮躁轻薄”，“使中国增加困难与耻辱”。

到 1949 年，随着蒋介石在内战中的节节败退，美国决定放弃蒋介石。8 月 5 日，美国国务院发表《美国与中国的关系》白皮书，认为蒋介石是自招失败。蒋介石看罢，勃然大怒，在 8 月 10 日的日记中痛骂“马歇尔、艾奇逊欲掩饰其对华政策错误与失败，不惜彻底毁灭中美两国传统友谊，以遂其心……美国总统杜鲁门竟准其发表此失信于世之‘中美关系白皮书’，为美国历史上留下莫大之污点”。

杨天石教授对蒋介石大骂美英首脑的做法，有一番解读：“蒋介石的确和美英结盟，这是利益的需要。但他和美英有矛盾，也是事实。蒋介石和罗斯福、丘吉尔、马歇尔发生激烈冲突的根源之一，是他虽然希望得到美英的支持，但又不愿意完全受制于美英。那样，不但国家没有尊严，他自己也没有尊严。”（撰文：许陈静　路琰）

谜案之五：是否想对大陆用核武器

蒋介石败退台湾后，一直念念不忘反攻大陆。他是个痴迷的平剧（京剧）爱好者，在大陆时，就常常抽时间听平剧。1950 年 1 月 10 日，他在日记中写下这样一句话：“如不收复北平，此生不再观平剧矣。”

可蒋介石也深知，退据台湾的国民党根本不具备反攻的条件。在他的日记中，有一篇 1951 年的《大事预定表》，关于“反攻大陆”一事，他强调道：“准备未完，切勿反攻；无充分把握，决不反攻；时机未成熟，亦不反攻。”蒋介石所谓的“准备”与“把握”，少不了美国的军事支持。有传言称，美国曾多次考虑向中国大陆投原子弹，甚至说宋美龄也建议美国对大陆使用核武器。那么，蒋介石也有此考虑吗？实情究竟如何？

“对中共使用原子弹，应设法打破之”

杨天石教授告诉笔者，他考据的蒋介石日记和历史档案显示，美国人确实曾三次考虑用原子弹袭击中国大陆，但都遭到蒋介石的质疑和拒绝。

美国第一次考虑对中国大陆使用原子弹是在朝鲜战争期间。1950 年 9 月 15 日，美军在朝鲜半岛中部的仁川登陆后，迅速逼近朝鲜首都平壤。10 月 19 日，中国人民志愿军 25 万人入朝，并于 25 日发起攻击，使美军受到沉重打击。

数十年后，一份美国国家安全委员会的绝密文件解密。这份签署于 1950 年 11 月 9 日的文件题目就是：“为反击共产党中国入侵朝鲜，关于美国使用原子弹的可能性所需考虑的问题。”

晚年的蒋介石和他的狗

正如这份文件所披露的信息一样，朝鲜战争局势的变化令美国上下不安，当时的联军总司令麦克阿瑟惊呼：“投入北朝鲜的中国军队是大量的，其数量还在不断增加……我们所面临的是一场全新的战争。”11 月 30 日，美国总统杜鲁门出席了一场记者招待会，面对记者焦灼的提问，他回答道：“联合国的部队不打算放弃他们在朝鲜的使命，我们将采取任何必要的步骤以应付军事局势。”这句话立刻招致了现场的一片哗然，人们对其所透露出的信息猜测纷纷。台下记者不断追问：“什么叫作任何必要的步骤？”“必要的步骤是否包括使用原子弹？”几乎快要招架不住的杜鲁门，只简短地回答了一句：“我们一直在积极地考虑使用它。”

这场记者招待会的内容迅速传到了台湾，蒋介石大为震惊。在 12 月 1 日的日记中，他写道：“杜鲁门与美国朝野主张对中共使用原子弹，应设法打破之。”杨天石教授告诉笔者：“从日期上看，这段话写于杜鲁门召开记者招待会的次日，内容也是针对杜鲁门的讲话而发。很明显，日记中的这句‘应设法打破之’，表明了蒋介石不仅反对美国对大陆使用原子弹，而且要采取某种行动阻止。”

历史资料显示，蒋介石对朝鲜战争的态度一直很明确。他希望台湾方面可以加入朝鲜战争，援助韩国，进而挫败中国人民志愿军，打击中共。他曾托人转告美军统帅麦克阿瑟：“韩战挫折甚念，如需中国尽力之处，无不竭诚效劳，愿共成败。”但是，当他一听到杜鲁门“考虑”使用原子弹对付中共时，还是选择了反对，其原因是他觉得此法“不能生效，因其总祸根乃在俄国也”。

“美国氢弹、原子弹不令用于越南与中国大陆”

美国第二次准备向中国大陆动用原子弹是在越南战争期间。1954 年，在中国的军事援助下，越南人民军以优势兵力进攻奠边府，在奠边府战役中赢得对法军的决定性胜利，法军准备撤出越南北部，并寻求美国的介入。

面对法国的求助，时任美国总统艾森豪威尔却显得十分谨慎。曾在朝鲜战争中受到重创的美国，不再愿意轻易出动地面部队作战，而打算以空中打击为主。

与美国态度相反，蒋介石一直积极计划参与越南战争，并借此“反攻大陆”。1953 年 12 月 19 日，他在日记中写下他为与美国参谋长联席会议主席雷德福谈话所准备的要点，其中一条就是：“越南反攻与中国反攻大陆同时进行之重要。”

1954 年 2 月，蒋介石授命副总参谋长彭孟缉，制定出一套“雷州半岛”行动方案，准备将广东的雷州半岛作为“第一滩头阵地”进攻广东和广西。他在日记中写道，这样一来，既可以阻断中共接济越南的通道，也能趁机“反攻大陆”，“或易为美国所接受”，并希冀以此换来美国的经济和军事援助，甚至直接出兵。

蒋介石没有想到的是，美国从一开始就不想与中共军队正面交锋。朝鲜战场上的较量之后，美国想用最省时省力的方式结束战争，那就是往中国大陆投原子弹。在“雷州半岛”方案之前，美国国务卿杜勒斯就声称，在与共产主义作战中，要使用所有可以选择的武器进行报复作战，言外之意，核武器将是一大选择。

1954 年 4 月 17 日，蒋介石在日记中写下了《本星期预定工作课目》。其中第三项是：“美国的氢弹、原子弹不令用于越南与中国大陆。”写下日记的第二天，蒋介石就“约见美太平洋总部霍华德参谋长”。杨天石教授向笔者分析道，“蒋介石刚在日记里写下自己要阻止美国对中国动用原子弹，第二天就约见霍华德，显然，阻止美国使用原子弹，是蒋介石确定的对霍华德的谈话内容之一”。

“对于民心将有不利之影响”

退守台湾之后，蒋介石先后制定出“雷州半岛”方案、“光字计划”“K计划”等多个“反攻大陆”的计划，希望以此来争取美国的军事和经济援助，但美国人一直不感兴趣，非但不予以积极回应，还认为蒋介石在做“白日梦”。1951 年 10 月 20 日，蒋介石在日记中抱怨，美国应允的 1951 年军援计划7000万美元，至今“一物未到”。1953年7月12日，他又在日记中写道：“再不要幻想美国援助我‘反攻复国’。该国之政策与诺言绝不能信赖，其幼稚、冲动、反复无常之教训，如果自无主张与实力，若与之合作，只有被其陷害与牺牲而已。”

随着 1954 年越南战事升级，美国对蒋介石“反攻大陆”计划的冷漠逐渐转变。当年 2 月，“台美”召开“共同防卫台湾作战会议”，美方表示，愿意和蒋介石“并肩反攻大陆”。

1954 年 9 月 3 日，海峡两岸发生炮战。中国人民解放军自厦门向金门发炮 6000 余发，击毙美军在金门的顾问两人。9 月 7 日，台湾蒋军出动海空军攻击解放军炮兵阵地。

10 月，美国空军计划处处长访问台湾，在会见台湾防空司令部司令王叔铭时，传达了这样一个信息：蒋介石“反攻大陆”时只要提出申请，美国就会把原子弹借给台湾。

在蒋介石的日记中，他曾反复揣摩这一信息的来源和意图。1954 年 10 月 20 日，他如是写道：“召见叔明（此为‘叔铭’之误），详询其美空军部计划处长提议，可向美国借给原子武器之申请事，此或为其空军部之授意，而其政府尚无此意乎？”他怀疑借用原子弹一事只是美国空军部的想法，而不是美国政府的意思。但无论是谁授意，蒋介石都认为，“对反攻在国内战场，如非万不得已，亦不能使用此物。对于民心将有不利之影响，应特别注意研究”。他深知原子弹的威力能够在战场上帮自己大忙，但其残忍的后果将极大地伤害民心。虽然求胜心切，蒋介石却很清醒，一旦向美国人借用了原子弹，他将永远成为民族的罪人。（撰文：路琰）

蒋介石的巅峰岁月

1938 年：衣冠西渡

1938 年至 1946 年，蒋介石在陪都重庆主政八年。八年里，他四迁官邸，从最初落脚的“重庆行营”到曾家岩的住所，从沙坪坝的林园到黄山的云岫楼。这四座官邸记录了蒋介石抗战中的大多数侧面。

如今，在重庆乘坐 384 路公交车，可以直达南岸的黄山。这里与市区一水之隔，遍山松柏簇拥，风景极佳。云岫楼是一座中西结合的三层楼房，抗战艰难时期，蒋介石常在云岫楼歇斯底里地大叫，以排解心中巨大的压力与苦闷。云岫楼往下百米，是蒋氏夫妇躲避日军空袭的防空洞。70 多年前，一国元首与他雍容华贵的夫人仓皇躲在这里。这是蒋介石的尴尬时刻，也是整个国家和民族的暗淡记忆。国破家亡之际，没有人能够全身而退。

悲壮西迁

90 岁的重庆市民张林清晰地记得，1938 年的重庆，一夜之间拥进了无数来自全国各地的难民。

迁都的决定前一年就有了。从七七事变北平沦陷到淞沪会战上海沦陷，国民政府的首都南京已经袒露于日军的炮火之下。时任国民政府行政院院长兼最高国防会议主席的蒋介石，发表了《国府迁渝与抗战前途》的讲话，首次提议迁都重庆。

蒋介石选择重庆，经过了长时间的考察与思量。“早在 1935 年，蒋介石带领高级将领借‘追剿’红军来到四川，当时他就试图寻找一个可以长期坚持抗战的根据地。”重庆抗战遗址博物馆副馆长钱峰告诉笔者。重庆位于长江、嘉陵江交汇处，“襟江背岭，浓雾蔽城，易守难攻”，是一个合适的陪都之地。

1937 年 11 月 17 日，时任国民政府主席的林森在夜色中乘舰西上，承担先行入渝的任务。“当时林森已经 70 岁高龄，就个人而言早已不愿奔波，但他承担的是带领行政、立法、司法等五院迁移的重任。”重庆中国抗战大后方研究中心副主任、西南大学教授潘洵介绍道。蒋介石为林森送行，林森反复告诫他“将来一定要再打回南京”，甚至立下了遗嘱交代后事，以示持久抗战、以身许国的信念。

蒋介石内心五味杂陈。作为国民党的实际领导人，他并未握有对各派系的实际控制权。党内，是战是和争议不断，最高国防会议副主席汪精卫一直“主和”，监察院院长于右任还反过来批评蒋介石“优柔”。当时，受日方委托，德国驻华大使陶德曼的“调停”还在继续，而蒋介石意识到，在抗日民族情绪高涨的情况下，与日本议和，外战可停，内战必起。1938 年 1 月 2 日，蒋介石下定破釜沉舟的决心：“与其屈服而亡，不如战败而亡。”他决定拒绝德国斡旋，坚持抗战国策。

军中，中央军之外，是大量的地方军，各自听命于军阀头目。蒋介石拉拢了一批人加入主战派，比如桂系的白崇禧。但是，当他把保卫南京的责任交给两度背叛过他的湖南军阀唐生智时，唐先是奋勇坚守，后来崩溃突围，最终弃都逃亡。这一切行为，未必在蒋介石的掌控之内。

蒋介石

蒋介石丢掉了他的首都。他发表了一份措辞沉重、语气悲壮的告同胞书：“且中国持久抗战，其最后决胜之中心不但不在南京，抑且不在各大都市，而实寄于全国之乡村与广大强固之民心；我全国同胞能晓然于敌人之鲸吞无可幸免，父告其子，兄勉其弟，人人敌忾，步步设防，则四千万方里国土以内，到处皆可造成有形、无形之坚强堡垒，以制敌之死命。”

西迁之志虽然壮烈，西迁之路却陷入混乱。这并非今日文艺青年幻想中的田园牧歌般的迁都之路；相反，曾任国民革命军第八十八师师长的抗战名将孙元良回忆：“我们实行‘焦土抗战’，鼓励撤退疏散，然而对忠义的同胞没有作妥善的安置，对流离失所的难民没有稍加援手，任其乱跑乱窜，自生自灭，这也许是我们在大陆失却民心的开始吧！我从汉中长途行军回援贵州时，发觉漫山遍野都是难民大军。他们对敌军并无杀伤力，对自己的军队却碍手碍脚。道路上塞满了各式各样的车辆——从手推车到汽车应有尽有，道路两旁的农田也挤满了人，践踏得寸草不留。难民大军所到之处，食物马上一空，当地人民也惊慌地加入逃难行列。入夜天寒，人们烧火取暖，一堆堆野火中夹杂着老弱病人的痛苦呻吟与儿童啼饥号寒的悲声，沿途到处是倒毙的肿胀尸体，极目远望不见一幢完整的房屋，顿生人间何世之感，不由得堕入悲痛惊愕的心境，刚劲之气随之消沉，对军心士气的打击不可低估。”

与此同时，蒋介石竭尽全力，为西迁争取了几个月时间。10 月 24 日，武汉沦陷，蒋氏夫妇在被炮火映得发亮的夜幕下，匆匆登上一架民营飞机，飞抵衡阳，又辗转长沙、广州、桂林，在12月9日率军事委员会飞抵重庆。

到1939年前夕，一年之内，重庆市区9.3平方公里的土地上，人口一下子膨胀到150万人，重庆陪都史研究学会会长牟之先用一个悲壮的词形容了这一幕："衣冠西渡。"

"汪逆可恶"

到达重庆不久，蒋介石就得到一个坏消息：汪精卫跑了。

1938年12月21日，时任国民党副总裁的汪精卫私自从重庆飞往昆明，企图经越南河内赴香港，与日本谋和。蒋介石大为震惊，在日记中写道："当此困难空前未有之危局，不顾一切，拂袖私行，置党国于不顾，岂是革命党员之行动乎。"对此事的后果，"蒋介石反复考量，在日记中写道：一是'对党政军以及各地之关系'应当更加慎重，二是'外交与对敌或有影响乎'。最重要的是，政府内部受汪影响的人有多少？"中国社会科学院教授、蒋介石研究者杨天石告诉笔者。

当晚，蒋介石度过了在重庆的第一个不眠之夜——大敌当前，自己的二当家却跑了！一旦地方军阀和党内亲日势力随汪投敌，将直接导致抗战阵营的分裂。

最初，蒋介石曾试图挽救汪精卫，同时动用各种途径劝汪精卫悬崖勒马。12月26日，蒋介石一面抨击日本的侵华野心，一面为汪精卫掩护，"汪先生此次离渝转赴河内，实为转地疗养，纯系个人行动，毫无政治意味……外间一切猜测与谣言，国人必不置信"。他还致电著名报人张季鸾，希望《大公报》在报道汪精卫时"宽留余地"。国民党中央宣传部也秘密指示各报"停止讨汪肃奸"。

同时，蒋介石指示同汪精卫关系较为密切的外交部部长王宠惠、驻英大使郭泰祺、驻美大使胡适等人劝其返回后方，或至少告假游欧，不要发表任何宣言。

然而汪精卫不为所动。他在1938年12月29日发表了主和的“艳电”。1939年的新年，对蒋介石可谓寒冷刺骨。元旦这天，国民党中央召开会议，讨论“关于汪兆铭违反纪律，危害党国案”。“其他与会者大多要求严厉处置，有人主张直接通缉，但蒋介石反对。此时的蒋介石仍在思考，并未做最后的处置决定。”杨天石说。会议最后决定开除汪精卫党籍，撤销一切职务。

会后，蒋介石又让汪系人物谷正鼎赴河内，转告汪精卫：“如对国事发表主张，写写文章，任何时候都很欢迎；但不要去上海、南京，不要另搞组织，免得为敌人所利用，造成严重后果。”汪精卫拒绝了。蒋介石这才丢掉对汪的幻想，起了杀心。

1939年3月21日夜，军统人员越墙进入汪精卫在河内的住所，开枪刺杀汪精卫，但是阴错阳差，误杀了汪精卫的助手曾仲鸣，反而迫使汪精卫加快了投敌步伐。

1939年4月，汪精卫赴上海，与日本讨论建立伪政权。6月8日，国民政府通令全国，以汪精卫“不惜自附于汉奸之列”，对汪严缉法办。10月1日，蒋介石答中外记者提问，表示“海可枯，石可烂，而对于引狼入室为虎作伥之汉奸汪逆，则永无宽恕赦免之理”。至此，汪精卫的汉奸身份彻底坐实。而蒋介石总算把汪精卫叛逃的影响降至了最低——军统密切监视其他“主和派”如彭学沛、陈树人等，地方军阀张发奎、薛岳、白崇禧则致电中央要求严惩汪精卫。他并不牢固的主战阵营好歹保住了。

拉拢军阀

刚刚解决完汪精卫叛逃事件，蒋介石开始着手对付西南军阀和他们的散兵游勇。重庆深居西南内陆，四川、云南、贵州、广西等地军阀林立，若他们不能支持抗战，蒋介石就永无宁日。

第一个争取对象是“云南王”龙云。龙云 1927 年借北伐之机夺取云南统治权，此后长期担任云南省主席。抗战开始后，汪精卫劝说龙云割据西南，与蒋介石对抗。蒋介石只派军统监视，隐忍未发。

1939 年 3 月，军统刺汪未成，龙云派警务处处长李鸿谟去河内慰问。3 月 30 日，汪精卫捎回亲笔手书，要求龙云允许自己回昆明活动。这封密函被军统人员拍照，上报蒋介石。蒋立即派与汪精卫合作过的唐生智赴云南现身说法，劝告龙云“汪为人善辩多变，生性凉薄，毫无诚意，尤喜玩弄军人”，且战时“忠奸不两立”。最终说服龙云发表谈话，宣布“拥护抗战到底”。

“云南是抗战的重要根据地。假如龙云跟着汪精卫走，对重庆将构成巨大威胁，中国的抗战形势必然更加艰险。蒋介石的隐忍与安抚使龙云并未走向对立，这对保证抗战胜利有重要作用。”杨天石说。

蒋介石的另一举措是逼迫“四川王”刘湘出川抗日。“刘湘成为‘四川王’，本是蒋介石及国民政府为打造‘川黔陕’抗战大后方而刻意扶植的结果。但后来反而成了打造抗战大后方的最大阻力。”钱峰说。全面抗战爆发前夕，刘湘为保护自己的势力，不希望蒋介石迁都重庆，他与蒋介石的关系迅速恶化至互相提防。1937 年 6 月，国民政府召开“重庆整军会议”，决心对混乱而庞大的川军进行整编，刘湘迟迟不肯前往重庆参会，令蒋介石甚为恼火。

迁都重庆后，蒋介石不断给刘湘制造压力。先是在四川省内制造舆论，历数川军多年内战的罪状，敦促刘湘“出川抗日”; 另外，让前线川军的两个集团军脱离以刘湘为司令长官的第七战区。后一招尤其见效，“刘湘在成都得知两个集团军都调离了建制，心急如焚，即刻赶赴前方，要求归还建制，筹组新的第七战区司令长官部，由他统一指挥，担任一个战区的对日作战任务。这才有了出川抗日。”钱峰说。

对蒋介石的逼迫，刘湘心知肚明，但他不失为血性将领。他曾跟省政府秘书长邓汉祥解释为何选择出川：“过去打了若干年的内战，报不出账来，今天有了抗战的机会，不能不尽力报国，争取个人在历史上的篇幅。而且我这次调出去的军队，约占全部半数以上，如果我不亲自去指挥，不到半年就会被蒋介石分化或消灭了。”

1938年1月20日，刘湘因病在汉口去世。死前留有遗嘱，语不及私，全是激勉川军将士的话：“抗战到底，始终不渝，即敌军一日不退出国境，川军则一日誓不还乡！”这一遗嘱激励了更多四川军人抗战到底的决心，川军在蒋介石心中的印象、在全国民众心中的形象，从此大为改观。

大轰炸！大轰炸！

在重庆市渝中区繁华的磁器街旁，有一个不起眼的角落。冰冷的花岗岩上，铭刻着一只正在流泪的眼睛，下方一行触目惊心的大字：重庆大轰炸惨案遗址。

抗战八年，陪都重庆逃不开“大轰炸”三个字。1939年5月3日，日军45架轰炸机连续对重庆人口密集的闹市进行轮番轰炸，19条主要街道成为废墟。5月4日下午6时，27架日机再次来袭，全市10余处街道起火，足足烧了两天。

“5月3日轰炸上半城，4日轰炸下半城，重庆最繁华的地段几乎被烧光，损失巨大。”潘洵告诉笔者。据不完全统计，这场空袭造成3991人丧生，20万人无家可归，造成了世界空袭屠杀史上的惨烈纪录。“当时日本造谣说蒋介石跑了，想消解抗战军心。实情是，5月3日晚上到4日凌晨，蒋介石一直在街道上指挥救护，最后把他和宋美龄的车子都用来运送伤员。”宋美龄在给美国友人的信中描述了空袭后的场景：“贫与富、聪明与愚笨，在轰炸中都成了用铲子不断从闷烧房子里挖出的烧焦尸块。”

日军一度将目标瞄准蒋介石本人。1941年8月30日，日本陆军航空队第三飞行集团团长远藤三郎少将得到一个绝密的空袭命令，目标是蒋介石的住所——云岫楼。

日军共动用了27架当时非常先进的零式飞机，全程低空飞行，准确地击中了云岫楼一角，炸死了两名蒋介石的侍卫，炸伤四人。蒋介石在敌机的呼啸声中躲入防空洞，幸免于难。“从1938年到1943年，日本用长达五年半时间的疯狂轰炸，企图来消解中华民族的抵抗，迫使蒋介石和国民党政府投降。”杨天石告诉笔者。

但要说投降，性格火暴的重庆人第一个不答应。抗战中的重庆流行着一段民谣：

不怕你龟儿子轰，
不怕你龟儿子炸，
老子们有防空洞，
不怕！

“按照重庆本地人的说法，就是有一种袍哥义气。”潘洵说，在民族大义面前，川渝人民出川抗战，自发捐钱捐物。“在重庆北碚从来不抓丁，全国只有这个地方，实行的是义务兵制，也就是自愿参军。”

美国记者史沫特莱在重庆目睹了中国空军迎战日机的一幕：“多达24架的中国战斗机升空拦截那些轰炸机，但是随着岁月的流逝，中国战斗机的数目越来越少。有一次，我看见单独一架中国战斗机追逐一群溯江而上的轰炸机。在那样一种时刻，我曾希望有能力为那一架小小的飞机写一首不朽的诗。”

1943年：权力之巅

从黄山的云岫楼到国民政府旧址，如今需要约两个小时的公交时间。

重庆市渝中区人民路 232 号，这里就是昔日的国民政府。八年抗战中，它是临时的国民政府所在地，是陪都的标志，是一个国家大片国土沦丧后，中央政权依旧在战火中矗立的象征。

1943 年 8 月 1 日，国民政府主席林森因车祸逝世。10 月 10 日，蒋介石就任国民政府主席。至此，蒋介石集国民政府主席、国民党总裁、军事委员会委员长于一身，加上“盟军统帅”的称号和跻身四大国元首之列的荣耀，一时风光无二，走上了自己的权力之巅。罗斯福的特使居里在重庆见到蒋介石时，觉得他“更瘦、更疲惫，似乎更虔诚、更严肃”，他身上没有“失败论或想放弃抗战的迹象”。

“得意之作”

武汉会战和迁都重庆，意味着抗战进入相持阶段。相持，意味着艰苦卓绝，意味着漫长艰辛。蒋介石组织过大规模的“冬季攻势”，这是正面战场发动的一次战略性进攻，以中方的惨重伤亡换来日军的惨重损失。“冬季攻势”失利后，日军反扑，枣宜会战等爆发，张自忠便阵亡于此。

一切努力，一切牺牲，都换不来速胜。相持到 1942 年，在抗战的第五个年头，蒋介石的正面战场终于有了激动人心的胜仗——第三次长沙会战。

主持长沙作战的是第九战区司令官薛岳。他不是蒋介石的嫡系，而是粤系军阀。但他又确实是国民党军队里少见的将才。蒋介石既认可他的军事才华，又怀疑他是否忠心耿耿。鉴于此，蒋介石决定亲临南岳，并给薛岳拍了一份电报：“我第二线兵团可稍向后退配备，占领有利地势，主动把握战机，容敌先攻长沙，我则乘敌进攻受挫之机，从多方面打击敌人。”薛岳召集各兵团、各军指挥官在长沙举行防务会议，制定“天炉战法”——在诱攻和伏攻地区配备兵力，从四面八方遥相呼应，形成天然巨炉之势，以待机围歼敌人。

1942 年元旦前后，日军察觉到中国军队的意图，于是投入主力，想以最快速度拿下长沙城。但长沙守军顽强坚守。1 月 4 日，前来包围日军的中国援军在城南吹响了冲锋号，敌人听到背后雄壮的号音，如闻霹雳，纷纷逃窜，最后大多数日军落入浏阳河与捞刀河河谷、影珠山下，这无异于“自投天炉，予我以熔化之机”。第三次长沙会战最终取得歼敌 5.6 万人的胜利。

美国《纽约时报》的记者福尔曼就在长沙的外围战场上，写成了《湘北战场视察》等重要新闻稿，发回美国后，引起巨大轰动。中外媒体争相报道此次会战，英国《每日电讯报》称：“际此远东阴霾密布中，惟长沙上空之云彩确见光辉夺目。”当时，世界反法西斯同盟宣告成立只有数天，这是盟军的第一个胜利。美国随即宣布向中国提供 5 亿美元贷款。自淞沪会战以来，蒋介石渐渐明白单纯的城市阵地战于事无补，但仍然要坚持正面会战的原因之一，就是相信唯有如此才能让国际社会同情中国，如今总算实现了。他在 1942 年 1 月 11 日的日记中写道：“此次长沙胜利，实为‘七七’以来最确实而得意之作。”

“盟军统帅”

长沙大捷前一个月，蒋介石还迎来了一个好消息：在中国独自对日作战四年半之后，日军偷袭珍珠港，把美国拖入了战争。

“那天大约凌晨 4 点钟，蒋介石接到宣传部副部长董显光的电话，告诉他太平洋战争爆发了，日本对美国宣战了。蒋介石非常兴奋，在日记中写道：‘抗战政略之成就，本日达于极点。’”钱峰说。

1942 年元旦，中、美、英、苏等 26 个国家代表聚会华盛顿，发表了对德、意、日轴心国共同行动宣言，即《联合国家宣言》，国际反法西斯统一战线正式成立。随后，美国总统罗斯福致电重庆，请蒋介石出任盟军中国战区总司令，在名义上拥有对这一区域内盟国所有军队的指挥权。

蒋介石闻讯兴奋异常。他从未料到太平洋战争的爆发，使他一夜之间成了“盟军统帅”（中国战区）。他高兴地接受了这一任命，作为回报，他请罗斯福派一名亲信来华出任战区参谋长。

1942 年 3 月，个头中等、头发金黄的美军陆军中将史迪威抵达重庆，就任中国战区参谋长，开启了他与蒋介石的“合作”。在史迪威心中，自己是来监督蒋介石而非辅佐蒋介石的。“两人一见面，彼此的印象都不好。蒋介石认为史迪威没有作战经验，而史迪威在日记里评价蒋介石是‘固执的家伙’，后来一直称蒋‘花生米’，很少尊重蒋介石。”杨天石说。

此时，日本对缅甸志在必得。占领缅甸，便能切断滇缅公路，困死中国，迫使重庆投降；同时可以西进印度、中亚与希特勒会师。这种形势下，中、美、英在缅甸联合打击日军，就迫在眉睫。经过史迪威的反复劝说，蒋介石终于决定增派部队开赴缅甸。

蒋介石派出的是自己的精锐——8 万名德式训练的部队，而且交给史迪威指挥。史迪威十分惊讶：“公道地说，要他们把重要地区的兵力交给一个他们既不认识，也没太多信心的老外，着实不容易。”但后果让蒋介石焦头烂额。“重庆政府和蒋介石在缅甸的战略利益，与美国和史迪威在缅甸的战略利益是不一致的。蒋介石制定的防守战略，符合中国的利益，但被史迪威嫌弃‘太过保守’，因而未被执行。史迪威在入缅作战后屡屡越权，蒋介石又在重庆重重干预，两人互不买账，结果只能是战场上一连串的失利。”钱峰说。

蒋介石与史迪威的矛盾不可调和。最终，罗斯福同意由美国陆军少将魏德迈来华替换史迪威。

“心中快慰”

美国历史学者周锡瑞认为，1943 年是中国的十字路口。他表示：“抗战之前，人们不能想象蒋介石能和罗斯福、丘吉尔平起平坐，可是从开罗会议开始，中国被定位为‘强国’。”在他看来，1943 年前后，蒋介石及重庆政府在外交上的成就突出，对抗战产生了巨大影响。

实际上，1943 年对蒋介石本人而言也是个“大年”。他集党政军权力于一手，对战争资源的调度比前一阶段从容多了，所以能在外交领域腾挪出一番天地。

第一件事是废除英美等国治外法权。1943 年 1 月 11 日，中美《关于取消美国在华治外法权及处理有关问题之条约》在华盛顿签字，中英同名条约在重庆签字，完成了美英放弃在华特权的法律手续。国民党借此大肆宣扬，说一举解决了国人力图废除不平等条约的百年之痛。蒋介石则在日记中写道：“此乃总理革命奋斗最大之目的，而今竟将由我手中达成，心中快慰无言以喻。”

第二件事是 1942 年底至 1943 年 6 月宋美龄访美成功。当时正值美国朝野推动废除排华法案，宋美龄的活动有助于废除排华法案的顺利通过。罗斯福还答应了不少援助中国的要求。

第三件事是 1943 年 10 月 29 日，中国驻苏联大使与美、英、苏三国外长一起在《莫斯科宣言》上签字，倡议战后建立联合国，建立世界安全体系。对蒋氏夫妇颇有好感的罗斯福费了不少唇舌，才说服苏联人，让中国排在美、英、苏之后签字，正式成为四强末座。此举为中国跻身联合国发起国和安理会常任理事国奠定了基础。

第四件事是 1943 年 11 月的开罗会议，短短四天，中、美、英三国首脑进行了多次会谈。感恩节那天，还留下了蒋介石、罗斯福、丘吉尔三人平起平坐的经典照片。其后的《开罗宣言》郑重宣告：“三国之宗旨……在使日本所窃取于中国之领土，例如满洲、台湾、澎湖群岛等，归还中国。”这无疑是一个重大成就。

“战事与外事的进展，使得蒋介石在 1943 年成为一个时代符号，凝聚了国内与国际上的认同，这是当时社会条件所造就的，也与美英等国仰赖中国战场的重要作用密不可分。”杨天石说。

1943 年 7 月 7 日，史迪威代表美国罗斯福总统授勋蒋介石“荣誉军团总司令勋章”

“转败为胜”

正当蒋介石高兴之时，日军调集主力，发动了豫湘桂战役。日军企图打通大陆交通线，拔除建设在中国南部，可以空袭日本本土的盟军机场，于是先后侵占河南、湖北、湖南、广东、广西等大片土地，攻克中国 7 个空军基地和 36 个机场，史称豫湘桂大溃退。

其间，最危险的是桂柳会战。当时，日军攻入抗战大后方的广西后，为了保卫桂林，蒋介石集中了“最新、最良之武器与器材”，但与日军交战不到两日，即告失败，被蒋介石称为“抗战以来未有之败绩”。随后日军进一步攻克贵州南部的重要战略基地独山，贵阳告急，陪都重庆暴露于前线。

新的盟军中国战区参谋长魏德迈立即向蒋介石提议，如贵阳失守，准备迁都昆明。蒋介石回答：绝未考虑。

“当时，中国军队的精锐集中在缅甸北部的远征军战场，蒋介石本来已经从中抽调两师归国增援，但由于天气不好，空运困难，英军统帅蒙巴顿又提出抗议，使得调兵无法实现。”杨天石说。这一时期，蒋介石心情沉重，他写道：“若至最后绝望之时，乃坚守重庆，决与此城共存亡。”

当魏德迈再次向蒋介石询问政府迁离重庆时，蒋介石答：“此为中华民族历史与民族志节关系，不能讨论。余虽被敌在渝包围，亦决不离渝一步。”魏德迈表示，你既然不离开重庆，我也不离开你，但仍劝蒋“应以国家利益为重，不能不注重现实”。蒋介石不为所动，在日记中写道：“彼并未了解中华民族杀身成仁之传统精神也。”

在重庆的各国使馆可不像蒋介石那样镇定。1944 年 12 月 4 日，蒋介石得悉，驻渝美国使馆将于第二天下令撤退在渝侨民，这将严重动摇中国的军心、民心。蒋介石十分意外，命宋子文与美国驻重庆使馆交涉，争取撤销此举。但英国使馆、苏联使馆也准备撤侨，蒋介石更为痛心，他在日记里写道：“情势至此，诚历人生未有之奇难矣。寒天饮冷水，点滴在心头。世之子孙，若不知自强自立，何以湔雪此恨也。”最终，在蒋介石反复保证中国政府负责其安全之后，英、苏使馆表示暂不撤退。

豫湘桂战役中，日军远离后方，深入中国西南腹地，已成强弩之末。“国军没有战胜，但无人可以说他们没在打仗。”哈佛学者、前美国驻华外交官陶涵说。双方战线在广西车河一线稳定下来。蒋介石捕捉到这一态势，“自信可从此转败为胜”。

巧的是，史迪威在离开中国前也做出了同样判断。他是基于重庆的精神面貌：“每次从印度到中国，我都感到震惊。在印度，人们垂头丧气、骨瘦如柴、面无笑容、眼神冷漠。在中国，人们抬头挺胸、乐观、积极、比较干净、努力赚钱，显然生活有目标。”他感觉到在这座热辣的陪都，民心士气始终都在。

“中国之命运”

在蒋介石个人声望达到顶峰的同时，国民政府的官僚腐败作风已然积重难返。

时任重庆大学商学院院长兼中央大学经济系主任的马寅初给陆军大学将官班讲抗战财政问题时说：在抗日战争这个中华民族存亡的关头，全国上下应该有钱出钱、有力出力、同心同德、共赴国难。但是现在是“下等人”出力，“中等人”出钱，“上等人”则既不出钱，又不出力，囤积居奇，发国难财。还有一种“上上等人”依靠权势，大发超级国难财。这种猪狗不如的人就是孔祥熙和宋子文之流。

宋霭龄、宋美龄闻言向蒋介石施加压力，要求对马寅初进行严厉处置。蒋介石于是召见重庆大学校长叶元龙，训斥道：“你真糊涂，怎么可以请马寅初当院长？你知道他在外边骂行政院长孔祥熙吗？他骂的话全是无稽之谈！他骂孔祥熙就是骂我。”末了，蒋介石又提出要和马寅初谈谈，指出“他既是长辈，又是同乡，总要以大局为重”。马寅初一听，火冒三丈，拒绝见蒋：“文职不去拜见军事长官，没有这个必要！再说，从前我给他讲过课，他是我的学生，学生应当来看老师，哪有老师去看学生的道理！”

1943 年，针对毛泽东备受欢迎的论中国前途一文《新民主主义论》，蒋介石出版了《中国之命运》一书，公开表示反对共产主义，连自由主义也不能容忍，这直接导致了知识分子的离心离德。前一年还与儿子大谈蒋介石“冷静沉着”“人格伟大感人”的闻一多公开表态：“我简直被那里面的义和团精神吓一跳，我们的英明领袖原来是这样想的吗？五四（运动）给我的影响太深，这本书公开向五四宣战，我是无论如何受不了的。”

西南联大一些教授也感到失望。蒋介石的政府顾问、经济学者、原南开大学教授何廉曾说得很明白：“我们不过是政府的‘装饰品’。”他们远离了国民党政府，接近共产党。蒋介石没有想到，自己费尽功夫写成的《中国之命运》，成了国民党失去知识精英的前奏。

宋美龄也被这本书吓了一跳，反对蒋介石出英文版，怕激怒美国人和英国人。然而，不用看这本书，罗斯福也早就对蒋心存疑虑。在开罗，罗斯福的儿子艾略特问他会谈怎么样。罗斯福说：“发生了好多事，我见到蒋委员长了。”他说蒋花了相当长时间叙述中国军队的抗战，但他还是不明白：“为什么蒋的军队不打胜仗？”“为什么蒋阻止史迪威训练中国军队？”“为什么他将数以千计的精兵留守在共产中国的边界？”艾略特当然回答不了父亲的疑问。

1945年：巨人虚弱

重庆市中心有一座著名的“精神堡垒”。这座木制建筑物建于1941年太平洋战争爆发后，高七丈七尺，取“七七抗战”之意，象征中华民族的抗战决心。在它落成四年后，抗战胜利，陪都百万人拥向这里，吼出他们心中积压的胜利欢歌。次年，在“精神堡垒”的旧址上建起“抗战胜利纪功碑”。

如今，重庆人称之为“解放碑”，其周边是重庆最繁华的商业中心之一，高楼林立，百货云集，夜间霓虹闪烁，招牌耀眼，人流不息。站在这里放眼望去，再不见当年的山河破碎，再不复当年的群情激动，人们享受着平凡的幸福。看到这一幕，就会明白多年前所有惨烈牺牲的意义——为了每一个中国人能够平静、安宁地生活着。岁月沧桑，那场全民族的胜利永志不忘。

荣光

东京的投降“为时匪遥”。

1944年，已经在抗日的硝烟中苦熬了七年的蒋介石听到了两个几乎同时传来的消息：东条英机内阁辞职，希特勒遭人行刺。他敏锐地预感盟军的胜利不会遥远。

中国战场的守土与抵抗，直到最后一刻也没有停止。而重庆比其他城市都更早确认胜利的消息，时间是1945年8月10日晚上7时左右。

当晚，蒋介石和一些官员正在宴请墨西哥大使，忽然听到附近的盟军总部传来欢呼声，继而鞭炮大作。原来，盟军总部收听到了东京的广播，日本外相东乡茂德宣布接受《波茨坦公告》的投降条件。

很快，数十万重庆市民涌上街头，一位记者曾回忆：美国士兵乘军用大卡车冲进市里，纷纷跳下车加入庆祝，过了一会儿却发现回不了车上——车上已经爬满了欢笑的中国儿童；云集在重庆的知识精英泪流满面，到处吟诵杜甫的名句“剑外忽传收蓟北，初闻涕泪满衣裳”……

蒋介石再也无心宴会，他迫切需要和高级将领见面。但墨西哥大使没有要走的意思，“使不识体统，纠缠谈话不休。殊不知，抗战最大事，要在此时决定也”。蒋介石两次让人委婉地劝这位大使快点离席。而后，他急召高级将领开会，确定了两件事：第一，提醒敌军只能向国军军官投降；第二，拍电报给正在南京的日本驻中国派遣军总司令冈村宁次，命令他停止一切军事行动，不得破坏资产，并接受何应钦的命令。冈村宁次拿着这份电报，心情十分沮丧。他犹豫再三，语气恭敬地复电蒋介石说，会派人前往江西玉山协商投降事宜，并请玉山机场派员接见，“仰赖照料为感”。

蒋介石当然不会让投降者选择地点，他命令日本代表改飞湖南芷江机场。“选择芷江作为洽降地是对日军的一种讽刺，”钱峰告诉笔者，“1945年初，冈村宁次计划在湘西地区发动一次大规模战役，然后直捣重庆。当年春天，大批日军被调往湘西。这次计划最终被蒋介石调集的百万大军挫败。而地处湘西的芷江由于有大型军用机场，日军在会战中几次狂攻而不得，给蒋介石留下了深刻的印象。所以蒋介石动起了心思，你日本人不是很想占领芷江吗？就来芷江谈投降的事吧！”

8 月 21 日，日本洽降代表今井武夫等人来到芷江。当天下午，中国战区接受日军洽降会议正式举行。两天后，会议结束，中国代表何应钦召见了今井武夫，告诉对方日本投降书签字地点设在南京。

芷江洽降后，中国战区 16 个受降区的受降仪式陆续展开。南京的受降仪式上，何应钦代表中国政府正式接过了日本的投降书；北平的受降仪式上，在太和殿前的观礼群众高呼“胜利万岁”……在付出了八年时间，22场大会战，3500万军民伤亡的巨大代价后，中国赢得了最终的胜利。诚如蒋介石在《告全国同胞书》中所说：“我全国军民经过这八年来无比的痛苦和牺牲，始结成今日光荣的果实。”与这一光荣果实相伴而来的，是蒋介石个人声望的顶峰。按照陶涵的说法，“蒋想在历史上留下的印象，也是他深铸的自我形象——以儒将的身份力挫中国强敌，恢复国家的光荣”，这一形象终于实现了。这在他前往北平“慰问北方同胞”时尽显无遗。

1945年10月10日，国共两党结束了近一个半月的重庆谈判，签订了《双十协定》，毛泽东离开重庆。12月11日，心情不错的蒋介石和宋美龄乘坐专机“美龄号”飞抵全面抗战爆发的起点——北平。为了迎接他的到来，天安门城楼上挂起了蒋介石的巨幅画像和“天下为公”四个大字。蒋介石的专车开进紫禁城前广场时，十万青年夹道欢迎。他向青年的演讲结束后，人群蜂拥向前。安保人员竭力维持秩序，蒋介石一再说“没事，没事”，直到半个小时后他才得以离去。此后的一个星期，蒋介石连续以“抗战领袖”的身份慰问北方同胞，还在香山碧云寺拜谒了孙中山的灵位。

从北平归来，蒋介石开始考虑还都南京。他早就盼着衣锦还都，只不过从8月10日开始，既忙着受降又忙着和中共较劲，顾不上这些。如今，他自觉声望已达巅峰，民心可用，内战的准备工作也已就绪，是时候还都了。1946年4月，重庆举行陪都各界欢送还都大会，蒋介石接受了大会敬礼。随后，他前往成都并发表了《告别四川同胞》的演讲，其中饱含深情，“中央政府迁都到重庆已经八年了。现在抗战胜利，还都在即，中正在离川以前，此次特来四川的省会成都，和各位父老同胞辞别”。国民政府也正式宣布：“决定5月5日还都南京。”蒋介石选择这一天是有深意的：这是孙中山在广州就任非常大总统，成立广州革命政府25周年纪念日，也是“五五宪草”（1936年5月5日公布的《中华民国宪法草案》）公布十周年的日子。

5月5日上午8时45分，蒋介石乘车到达南京中山陵，参加孙中山先生建立广州革命政府的纪念典礼。他身着特级上将制服，胸前别着五枚勋章，满面春风。随后，他又来到国民大会堂，参加了庆祝国民政府还都的典礼并致训词。当晚，蒋介石在广播里向全国民众公开讲话，追忆抗战胜利的不易，又特意提到对日作战的苏军刚刚撤出东北，15年前最早沦陷于日寇之手的沈阳宣告收回。“我们今日沈阳虽已收复，而东北整个的行政与主权的完整，还需要我们全国同胞为国家、为民族，精诚合作，继续努力奋勉，来保持我们最后胜利光荣的战果。”

纵奸

日本投降之后，处理日本战犯被提上了日程，冈村宁次自然首当其冲。然而，蒋介石却对冈村宁次“另有安排”。

1945年8月23日，何应钦奉蒋介石之命向冈村宁次发布命令，要求日本军队等待国民党军队前来接收。几天后，中国陆军副参谋长冷欣到达南京，见了冈村宁次。冈村宁次为求自保，表示愿以在华日军的战斗部队帮助蒋介石对付中共。据白崇禧后来透露，冈村宁次的这个建议深得蒋介石之心。他让人向冈村宁次转达了自己的承诺：“准其以其劳绩赎罪，免以战犯惩处。”所谓劳绩，就是要向国民政府完整无缺地移交占领区和弹药装备，严防被中共接收。冈村宁次听罢连连允诺：“我将全力遵守蒋委员长训令，不负蒋委员长期望。”果然，当八路军、新四军敦促日军投降时，遭到了日军的抵抗。

冈村宁次的“忠心”很快得到了蒋介石的回报。当驻日盟军最高统帅麦克阿瑟下令逮捕东条英机、土肥原贤二等战犯归案时，蒋介石特意关照了冈村宁次，他不但没被送往东京准备受审，头衔反而由“中国派遣军总司令官”改为“中国战区日本善后总联络官”，官邸、卫队甚至军事指挥权都被保留下来。

重返南京的记者很快注意到了这个奇怪的现象。重庆《大公报》撰文指出："没有任何迹象表明南京已经光复了……冈村宁次仍在外交部大楼里办公，日本宪兵还驻留在前司法院的楼房里。"另一个记者写道，南京的报纸仍要接受日本特工的检查，城市的所有地方都还能看到傀儡政权贴出的海报和标语。甚至 12 月 13 日，在南京大屠杀八周年的日子里，蒋介石竟然从重庆飞抵南京接见冈村宁次，嘘寒问暖。以至于冈村宁次在回忆录中都念念不忘："蒋委员长特意安排了这次会见，以好言相慰、和蔼近人，深感敬佩。"为了报答蒋介石，冈村宁次写了一篇名为"从敌对立场看中国军队"的文章，将日军与中共军队多年交战的经验和盘托出，建议蒋介石针对共产党军队的弱点，采取相应的战术。

1946 年初，远东国际军事法庭正式在东京成立，驻日盟军总部几次照会国民政府，要求将冈村宁次遣送日本受审。为了使冈村宁次免受审判，蒋介石召集心腹商讨对策，最终借口善后工作尚有许多未了，需要冈村宁次留下处理。这种公然的包庇招致举国上下的反对。《大公报》直言："第一号战犯冈村宁次，对中国人民犯下烧杀掠夺等严重罪行，而蒋主席却待如上宾。"直到 1948 年 8 月，冈村宁次才受到公审。几个月后，军事法庭宣布冈村宁次"无罪"并允许其返回日本，蒋介石败退台湾后还曾聘请他担任高级军事教官。直到 1966 年，冈村宁次病死在东京。

蒋介石的军队大多在西北、西南，距离华北、华东的沦陷区很远。为防止中共接收沦陷区，蒋介石想到了沦陷区的伪政权。在他的纵容下，许多汉奸在办公室外挂上一块新牌子，摇身一变成了维持地方秩序的国民政府官员，大批伪军也在"改编"后被蒋介石收为己用。周佛海事件就是典型的一例。

在汪伪政权中，周佛海的地位仅次于汪精卫和陈公博，直接掌握金融、财政、特务等大权。日本投降后，周佛海急电蒋介石，表示他控制的武装能把"完整的上海奉献给中央"。蒋介石看到电报极为高兴，立即以个人名义嘉奖周佛海。随后，周佛海被任命为军事委员会上海行动总队总指挥，负责维护上海、杭州等地治安，阻止新四军收复沪杭地区。就这样，周佛海从万人唾骂的汉奸成了抗战有功之臣。完全接收上海之后，蒋介石让戴笠把周佛海弄到重庆藏了起来。后来，迫于舆论压力，周佛海被送到南京接受审判，被判死刑。但蒋介石致电司法行政部，以周佛海“在敌寇投降后能确保京沪杭一带秩序”为由，强行改判为无期徒刑。这让民众对蒋介石大失所望。

“劫收”

日本宣布投降后，一个大馅饼砸到了国民政府头上——日军、伪军只求自保，根本顾不上巧取豪夺来的巨额财富。国民政府很快从重庆派出了大批官员前往沦陷区，接收敌伪财产，名义上是该没收的没收，该归还原主的归还，实际上却混乱不堪。接收大员像抢红了眼的土匪，千方百计中饱私囊，被人们怒斥为“劫收大员”。

上海及东南地区是“劫收”的重灾区。不仅敌伪财产，许多国人的正当财产也被霸占。时任上海市市长吴国桢回忆，当时海军查封了一个仓库，将其中所有的财产都拿到黑市上抛售，根本不管是不是敌伪财产。为了抢夺财产，各军政部门还在上海大打出手：汤恩伯的第三方面军看中了一处日军俱乐部，为此不惜和淞沪警备司令部展开枪战，死伤多人；上海市警察局为了和军统特务抢夺财产，多次火并。在秦瘦鸥的小说《劫收日记》的男主角谢桑看来，所谓接收，本来就是趁火打劫嘛！趁火打劫当然不是什么长期的好买卖。只能干一天算一天，抢一批算一批。谁眼明手快，抢得快，抢得多，趁早洗手下台，谁就占便宜。《大公报》评论说：“在南京和上海，政府只用了短短二十来天就失去了民心。”

平津地区是“劫收”的另一个重灾区。时任北平行营主任的李宗仁曾回忆：“所谓‘接收’，确如民间报纸所讥讽，实在是‘劫收’。这批接收人员吃尽了抗战八年之苦，一旦进入纸醉金迷的平津地区，直如饿虎扑羊，贪赃枉法的程度简直骇人听闻。”

汪曾祺在《晚饭后的故事》中生动地刻画了当时的场景："满街都是伤兵，开口就是：'老子抗战八年！'动不动就举起双拐打人。没开戏，他们就坐满了戏园子。没法子，就只好唱一出极其寡淡无味的戏，把他们唱走……"平津一带很快流行这样的民谣："盼中央，望中央，中央来了更遭殃；想老蒋，盼老蒋，老蒋来了米面涨。"此时离蒋介石身负"抗战领袖"光环来北平慰问同胞才几个月。

对沦陷区的老百姓而言，国民政府财政部制定的法币与伪币兑换办法，更是一场噩梦。抗战胜利之初，法币与伪币在黑市上的兑换价是 1 ∶ 80 左右，随后国民政府财政部公布兑换办法，将两者兑换比率猛增至 1 ∶ 200。如果说军官"劫收"尚属个人违法行为，那法币兑换就成了合法的国家掠夺。一夜之间，沦陷区百姓沦为赤贫。

负责经济接收的邵毓麟当面向蒋介石进言："这样下去，我们虽然收复了国土，但我们将丧失人心……在一片胜利声中，已埋下了一颗失败的定时炸弹。"蒋介石也不得不承认接收工作存在"严重错误"，是"政府最大之耻辱"。然而，他依然醉心于自己"抗战领袖"的光环，没有兴趣，也没有精力去纠正这些错误。蒋介石日后才对宋希濂说："许多中上级军官利用抗战胜利后到各大城市接收的机会，发横财，做生意，买房产，贪女色，骄奢淫逸，腐败堕落，弄得上下离心，军无斗志。这是我们军事上失败的根本所在。"

民意如流水，一去不回头。一个打赢了八年抗战的"领袖"和"巨人"，转眼就变得虚弱不堪。虚弱到什么程度呢？ 1946 年，蒋介石曾经说过："本人自出生以来，除家乡以外，没有其他地方比重庆算得是我第二故乡。"仅仅过了三年，1949 年 11 月，蒋介石再回到他心中的"第二故乡"时，竟然是在专机"美龄号"上度过了最后一夜。"他再度回到重庆，却连飞机都不敢下，这是他从未想到过的结局。"杨天石说。此时，解放军的先头部队抵达重庆近郊，与胡宗南部交火。"眼看大势已去，蒋介石做出了一个非常痛苦的决定：放弃在八年抗战中都未曾失去的陪都重庆。”第二天凌晨，在“美龄号”的发动机轰鸣声中，蒋介石离开重庆，前往成都，从此再也没有回来。

不过短短三年而已，成败在倏忽之间已然转变。今日的重庆繁华而安详，蒋介石在这里八年抗战的背影，留给历史太多思索。（撰文：许陈静 王肖潇 李静涛）

军中宋美龄：魅力与权欲

1936年12月22日，宋美龄带着一盒梅干菜、一把手枪，走进了“兵谏”中的西安城。梅干菜是带给蒋介石吃的；手枪是万一军队对她无礼，用来自我了结的。她问前来接她的张学良：“这是我的东西，就不要再检查了吧？”张学良答：“夫人，岂敢！”她就这样走进了张公馆，见到了她的丈夫、被软禁10天的蒋介石。蒋介石看到她，一直流泪：“你怎么来了？如入虎穴矣！”宋美龄反而镇定，安慰道：“宁抗日，勿死敌手。”她担心蒋介石再不抗日会引发张、杨“叛军”的杀意。

2015年4月5日，抗日战争胜利70年后的清明节，张公馆这栋黄砖红窗棂的三层小楼静立于西安闹市中。前来参观凭吊的人不多，也不少。讲解员用“常有人来，今年更盛”来形容。“如果不是宋美龄亲赴西安，国共联手抗日会不会推迟？胜利的到来会不会更曲折？参观完的人通常会问这个问题。虽然历史已无法假设。”

70年前的人面已在史书中。今天回顾那段狼烟四起、碧血悲歌的历史，值得纪念的人有很多。“多少手足忠魂埋骨他乡”，不仅仅是军人，社会各阶层都在为民族存亡奔走疾呼，宋美龄是其中颇具代表性的人物之一。因为她的丈夫，因为旧日中国家国不分的政治环境，也因为她的才华和魅力，因为她对权势的渴望，从踏进张公馆的那一刻起，她就卷入了几乎每一个抗战节点中。

“很有烈士姿态”

1936年的一个凌晨，光着脚，光着头，上身着绸袍，下身仅穿一件白色睡裤的蒋介石，躲在骊山一个山洞里瑟瑟发抖。紧接着，他被承担“捉蒋”任务的士兵找到并背下了山。这一幕成为蒋介石生平最狼狈的回忆。这一天是12月12日，张学良与杨虎城实行“兵谏”，震惊中外的“西安事变”爆发。

同日，上海。代理行政院院长兼财政部部长孔祥熙忽然跑到宋美龄的寓所里，告诉她：“西安发生兵变，委员长下落不明。”宋美龄听后大惊失色，“不啻晴天霹雳”。此时，外界与西安的通信和交通都断了，宋美龄得不到丈夫的任何消息，各种流言传遍全球，英文报纸也纷纷做了头版的大字标题。宋美龄努力镇定了一下心神，顾不上身体不适，立即赶回南京与政府要员商量营救事宜。

此时的南京已乱成了一锅粥。蒋介石生死未卜，南京国民政府也分为两派：以何应钦为主的镇压派与以宋子文为主的和平解决派。他们为是否轰炸西安争论不休。在国民党中央常委会上，宋美龄一人舌战众高官。中央文史研究馆馆员杨天石告诉笔者，当时很多人认为宋美龄作为女人，“仅知营救丈夫而已”，但宋美龄大声说：“我绝非仅仅为营救我的丈夫。如果委员长一死，真的能够为国家造福，我一定首先劝其牺牲。但如果直接轰炸西安，不但使领袖生命陷于险境，也必然使陕西数千万民众立即陷入兵灾……不仅如此，还将使我们为抵御日本入侵所做的诸多努力白白浪费。因此，为了救中国，我不得不吁请诸位，妥善寻找和平解决的途径。”她决定前往西安。

此前，蒋介石已一连写下三份遗嘱，转告宋美龄“切勿来陕”，但宋美龄执意前往。12月22日，宋美龄在哥哥宋子文的陪同下飞赴西安。在飞机上，她把自己的手枪递给外籍顾问端纳，说："如果叛军对我有任何不礼貌行动，你就立刻打死我！"下机后，张学良陪同宋美龄和端纳去见蒋介石。宋美龄后来回忆，当她看到被囚禁的蒋介石时，"他惊诧得以为我是一个幻影"。蒋介石在稍微安定之后，便给宋美龄看那天早晨他所读的《圣经·旧约》中的一句："耶和华今将有新作为，将令女子护卫男子。"这个细节被蒋介石记录在了《西安半月记》中，也被许多传记文章大加渲染。

宋美龄一再表示愿与蒋介石共生死。随后，宋美龄、宋子文与张学良、杨虎城以及中国共产党代表周恩来进行了多次谈判，为联共抗日打下了基础。12 月 26 日，蒋介石回到南京，西安事变得以和平解决。

在美籍华人史学家唐德刚看来，宋美龄对西安之行有相当把握。他认为，张学良与宋美龄私交很好，且张学良的东北军"10 万人的薪饷都在南方政府手里，再拖两个星期，吃饭都成问题"。这些都成为宋美龄的筹码。但杨天石认为，宋美龄此去实为"深入不测之地"。"宋美龄当时是携枪救夫，因为她不知道见到的是谁。对于张学良她当然很相信，但是对张学良之外的人，比如张的士兵，宋美龄无法预料。从这个角度看，宋美龄此行，很有烈士姿态。"

"纵观整个过程，宋美龄是解决西安事变最关键的人物。"中山大学孙中山研究所前所长林家有告诉笔者，"如果没有宋美龄和宋子文的支持，周恩来和中共和平解决的方案无法单方面实现。西安事变不解决好，就没有后来的联合抗战，所以宋美龄的营救之举意义重大。"

在前线多次遇险

1937 年 10 月 8 日，在日军发动全面侵华战争后，淞沪前线的中国守军阵地上，突然开来一辆军用运输卡车。当时，官兵正在利用日机轰炸的间隙抢修工事。只见卡车停住，走下来一位中年女性，她就是时任"中国妇女慰劳自卫抗战将士总会”会长的宋美龄。

抗战期间，宋美龄亲上前线慰劳军队的情况并不少见。1937年，宋美龄组建了全国性的劳军组织，多次带慰问品看望将士，还撰写关于上海战场的新闻电讯，揭露日军侵华罪行和报道中国的抗战情况。“这让抗战前线的官兵很受鼓舞，但她也因此几度遇险。”杨天石告诉笔者。

根据杨天石的讲述，有一次是在淞沪会战中。1937年10月23日，宋美龄乘车前往上海前线慰劳抗战官兵，途中突遭日本飞机扫射和炮击。因路面大都被战火破坏，汽车在一个急转弯处突然一只轮胎损坏，冲进一条水沟。宋美龄当即受伤昏迷，醒来后觉得走路困难，但她仍继续前往上海，慰问了伤兵。直到慰问结束后，宋美龄才接受医生检查，发现摔断了肋骨。

另一次是在武汉会战期间。复旦大学近代中国人物与档案文献研究中心主任吴景平告诉笔者，1938年，由于中国接连在“二一八空战”“四二九空战”和“五三一空战”中给日本空军以打击，日军转而以小规模偷袭的方式空袭武汉。身在武汉的各类重要人物都是日军的空袭目标。1938年7月23日，也许是得到了蒋介石、宋美龄夫妇身在武汉的情报，日军追踪到他们的行踪，忽然出动机群空袭武昌。日机反复投弹、扫射，蒋介石夫妇在几个卫士的掩护下躲进一处防空壕。突然，一枚重磅炸弹落在防空壕附近。随着一声巨响，几人全部倒下。虽然蒋介石夫妇都没有受伤，但宋美龄被震昏过去，几分钟后才醒过来。而掩护他们的卫士全部牺牲了。

此时，华北、华东大片国土沦丧，房屋、学校毁于炮火，无数儿童无家可归，四处流浪。1938年，宋美龄与邓颖超等人成立了战时儿童保育会，在抗战时期收容和救助了近3万名难童，这些孩子后来都亲切地称她妈妈。此外，宋美龄还不断出入保育院、妇女干训班、伤兵医院、寒衣缝制所和疏散女工的收容所，筹办了27个妇女识字训练班。基于宋美龄在抗战中的贡献，1938年1月3日出版的美国《时代》周刊将她和蒋介石一起评为1937年的世界风云人物。

“比 30 个师都有用”

1942 年，正当中国的抗战处于战略相持阶段，罗斯福两次亲笔写信，邀请宋美龄去美国访问。《时代》周刊发行人亨利·卢斯劝蒋介石：“你让她去一次，比 30 个师都有用。”这句话得到了众多历史学者的认同，杨天石认为：“宋美龄在抗战中最大的成就是访问美国。”

1942 年 11 月 18 日至 1943 年 7 月 4 日，宋美龄代表蒋介石赴美国访问，顺便治病。在美国期间，她到各地发表演讲，迅速刮起了一场“宋美龄旋风”。其中，最为著名的是她于 1943 年 2 月 18 日在美国众议院发表的演说《战争无法让中国屈膝》和当天在参议院发表的即席演说。

当天，在罗斯福夫人埃莉诺的陪伴下，身着黑衣的宋美龄妆容精致，优雅坚定地走上讲台。她以一口流利的美式英语，把中国人民英勇抗战的情况介绍给美国政要和人民。她说：“我们两国人民是为了共同的信念而斗争。我们恒久的信念就是‘四大自由’，这也是贵国总统向世界人民的声明。这声音像锣鸣一样在我们那广阔的土地回响，自由之神正拥抱美国，而侵略者听到的将是死亡的丧钟！”她的演说多次赢得雷鸣般的掌声，最后议员全体起立，鼓掌时间长达数分钟。

1943 年 3 月，宋美龄在美国纽约发表演说

宋美龄的演说不仅促使美国

国会议员几乎“众口一词地要求政府加速援华”，而且通过收音机在全美转播，让美国民众“纷纷慷慨解囊捐助中国抗战”，成百上千封信件寄到白宫，收件人都是宋美龄。《林肯传》的作者卡尔·桑德堡甚至在《华盛顿邮报》上写道：“她所要的是什么？是为了整个地球上的人类。”

演说第二天，在白宫举行的记者招待会上，宋美龄与罗斯福夫妇共同接受 170 多名记者采访。身穿黑色旗袍，胸前别着中国空军勋章的宋美龄，口才一流，应对得体，不失时机地把一些问题转给了罗斯福，使得罗斯福表态要以“上帝允许的速度”向中国运送军火。

杨天石认为，宋美龄的演说要到了援助，也没有丧失国家尊严。“当时，中国在军事上比较落后，经济上还很弱小，到美国去要援助，难免底气不足。但是宋美龄的演说是一种平等的对话，保持了中国的国家尊严。演说中，宋美龄批评美国政府重欧轻亚，把主要的精力集中在欧洲战场，她的态度不卑不亢。”杨天石说。

当时美国朝野正在推动废除排华法案，宋美龄的活动也有助此事在国会顺利通过。1943 年 2 月 17 日，美国参议员马丁·肯尼迪写信给宋美龄，想“趁蒋夫人光临之吉日”，提出废除排华法案。宋美龄在给蒋介石的电报中说，该提案“对我国际地位极有关系”，如通过，将具有历史价值。她指示中国驻美大使魏道明采取积极措施。在一次投票中，众议院移民委员会有 38 人赞成肯尼迪提案，9 人反对。1943 年 12 月 17 日，美国国

1943 年 2 月，宋美龄和罗斯福夫人埃莉诺在美国白宫合影

会通过了肯尼迪提案，罗斯福签字生效。有学者认为，宋美龄访美是美国废除排华法案的“最后一推”。

为西藏主权冷对丘吉尔

在宋美龄国会演说大获成功后，英国也向她抛出橄榄枝。英国国王乔治六世与王后通过英国驻美大使邀请宋美龄访英，并下榻白金汉宫。但这一次，宋美龄拒绝了。

“宋美龄拒绝访英主要是因为对丘吉尔不满。”杨天石说。当时英、美、苏、中都是同盟国，但是“丘吉尔看不起中国，罗斯福把中国看成四强之一，丘吉尔的态度一直是不赞成的”，这让宋美龄非常生气。

除此之外，中英之间也有宿怨。1943 年 5 月，在美国首都华盛顿举行的“三叉戟”会议上，中国、美国、英国、加拿大、澳大利亚的首脑人物会聚一堂，讨论同盟国各成员国在对德日法西斯交战中的战略使命。可是，会上出现一个插曲——

5 月 21 日，丘吉尔突然对时任中华民国外交部部长的宋子文说：“听说中国正在向西藏大举增派部队，准备进攻西藏，那个国家现在很恐慌。”宋子文当即回应：“西藏可不是什么独立的国家，中国和英国所签订的全部条约中，都承认中国对西藏拥有主权。”当天，宋子文将此事电告重庆的蒋介石。第二天，蒋介石明确答复：“丘吉尔称西藏为独立国家，将我领土与主权完全抹煞，侮辱实甚。西藏为中国领土，藏事为中国内政，今丘相如此出言，无异干涉中国内政。中国对此不能视为常事，必坚决反对。”

为此，宋美龄表达了自己的态度，拒绝访英。后来丘吉尔到了美国提出想见她，她没有主动前往。据《顾维钧回忆录》描述，宋美龄告诉顾维钧，丘吉尔非常想和她见面。当顾维钧表示这可给丘吉尔脸上增光时，宋美龄立即表示：“放心，不会帮他这个忙。”“结果最后两人也没见成。”杨天石说。

1943 年 11 月，宋美龄陪同蒋介石参加英、美、中三国首脑会晤的开罗会议。这本来是男人的天下，宋美龄一去，三巨头峰会变成“3+1”，她和丘吉尔不可避免地会面了。两人有了一段经典对话。丘吉尔问宋美龄：“委员长夫人，在你印象里，我是一个很坏的老头子吧？”宋美龄没有回答是或不是，而是把皮球踢给丘吉尔本人：“请问你自己怎么看？”丘吉尔说：“我自己认为我不是个坏人。”宋美龄闻言回答：“那就好。”蒋介石将这段对话记在了日记里，认为这段对话体现了宋美龄的外交智慧，既不违反外交礼仪，也没有违背自己的内心。根据蒋介石日记的记载，在整个开罗会议上，宋美龄对丘吉尔多次妙语嘲讽。

“我的空军”

熟悉宋美龄的人都知道，她爱穿旗袍，在出席重要场合的时候，喜欢在旗袍上别一枚空军飞行勋章。据宋美龄的侍从副官夏公权回忆，宋美龄称国民党空军为“我的空军”，在其晚年寓所中，也一直悬挂着抗战初期她与功勋飞行员在南京大校场停机坪的巨幅合影照片。

全面抗战开始前夕，中国仍没有一支强大的空军。当时蒋介石“围剿”红军取得了暂时胜利，有机会思考空军的问题，萌生了建立一支强大空军的想法。而宋美龄则是从西安事变中第一次感觉到空军的重要性，没有空军，想轰炸也轰炸不了。“另外，她写过一篇文章叫‘航空与统一’，认为有了航空事业可以促进国家的统一。这是宋美龄重视空军的另一个源头。”杨天石说。

1936 年，宋美龄就任航空委员会秘书长，正式开始筹备空军。“一开始她主要的作用是和外商谈判，选择飞机以及零件。”杨天石说。通过阅读关于飞机设计的杂志，宋美龄对各种机型做了大量比较，并凭借良好的口才联系了美国飞机制造商，最后成功订购了2000万美元的飞机。

在空军的人选上，一开始，宋美龄雇用了美国陆军航空队的驾驶员罗伊·霍布洛克作为顾问，霍布洛克后来又推荐了克莱尔·李·陈纳德——这便是宋美龄与“飞虎将军”陈纳德结缘的开始。1937年，陈纳德第一次见到了宋美龄。他在日记中写道：“她使我无法恢复常态，从那天起，她将永远是我的公主。”陈纳德夫人陈香梅女士后来在采访中证实了这篇流传颇广的日记的真实性。

当时陈纳德在美国航空界已非常有名，苏联曾以1000美元的月薪相邀，是陈纳德在美国薪水的三倍。但由于对宋美龄的佩服，他转而接受宋美龄的邀请来到中国，并最终决定留在中国。1937年7月，陈纳德正式投身中国抗战，参与了上海、南京、武汉的对日空战，在昆明训练了大批优秀的空军战士。1939年，陈纳德还招募了200多位美国志愿兵来到中国。宋美龄则积极在美国活动，争取到了100架P-40战斗机，也争取到了罗斯福总统的暗中支持。

1941年8月，“中国空军美国志愿援华航空队”成立。为了从心理上威慑日军，每架飞机的机头都画着狰狞的鲨鱼头，因为日本人视鲨鱼为不祥之物。12月20日，这批清一色P-40战斗机列编的部队，出现在久未在空中看到敌人的日本飞行员面前。空袭昆明的10架日机被当场打下6架，逃跑的3架也在途中坠毁，只有一架侥幸逃回了越南河内。当时中国内地的居民大多从未见过鲨鱼，误将这些飞机称作“飞老虎”，飞行员也觉得这个名字很好，遂将航空队命名为飞虎队。

“飞虎队在打击日本空军，帮助中国军队掌握制空权上起到了决定性的作用。”杨天石告诉笔者，“当时中国飞机名义上有300多架，实际上能够起飞作战的不过100多架，在力量对比上处于绝对劣势。但到了抗战中后期，特别是1941年以后，飞虎队大大提升了中国空军的战斗力。首先是在运输上，形成了著名的‘驼峰航线’，在当时中国对外通道滇越铁路、滇缅公路、香港和广州的交通相继被封的情况下，驼峰航线意义重大；另外是后期对日作战中，中国从几乎没有空中还手之力到开始掌握制空权，这些都离不开飞虎队的努力。”

对待陈纳德，宋美龄非常尊重，用陈纳德妻子陈香梅的话来说，“她很有人情味，对帮助过她的人念念不忘”。1947 年，陈纳德与年轻的女记者陈香梅结婚，宋美龄派外交部官员叶公超参加婚礼，并赠送景德镇花瓶作纪念。1958 年夏，宋美龄再度访美，在密歇根大学演说完毕，立即赶往新奥尔良，一下飞机就直奔医院探望病中的陈纳德。陈香梅回忆，患了肺癌的陈纳德，当时癌细胞已发展到喉部，不能说话，只能笔谈。宋美龄很体贴，幽默地告诉陈纳德：“你平时说得太多了，今天你不要说，让我来说。”10 天后，陈纳德离世，宋美龄参加了他的葬礼。

宋美龄不仅是中国空军的组织者之一，也是抗战中的调解员。1942 年初，美国将领史迪威来华，出任盟军中国战区参谋长，随后赴缅甸指挥中国远征军入缅作战，但指挥失误，致使中国军队伤亡 5 万多人。蒋介石大怒，认为史迪威自大，以“殖民地之总督”自居，且主张用武器援助八路军和新四军。暴怒的蒋介石第一次向罗斯福提出撤换史迪威。1943 年，史迪威再次建议重用共产党军队进攻日军，蒋介石第二次要求撤换。矛盾激化至此，但宋美龄接到出席开罗会议的邀请后，仍第一时间去拜访史迪威，亲切地对他说：“尊敬的将军先生，这是中国第一次作为正式成员参加国际会议，请您帮助协调好中国与其他大国的关系。”“行，我不会让夫人失望的。”史迪威一口就答应了。只因他多次与蒋介石争吵，全靠宋美龄调解，他尊重宋美龄的要求。宋美龄又向蒋介石陈述史迪威在盟军中举足轻重的作用，说服他与史迪威握手言和。

她包庇了孔宋两家抗战期间的贪腐

“他们是贼，他们每一个人都是可恶的贼！”

2003年宋美龄去世时，美国《纽约时报》报道，接替罗斯福出任总统的杜鲁门曾要求联邦调查局（FBI）调查国民党官僚在美国的财产情况。他得到的答复是：1943年时，宋霭龄在美国花旗银行的存款是8000万美元，宋子文有7000万美元，宋美龄有1.5亿美元。震惊之后，杜鲁门喊出了这句话，指责“他们从我们送给蒋介石政府的援助里偷取了7.5亿美元，并把偷来的钱投入圣保罗和纽约的房地产业”。随后，杜鲁门拒绝了再次赴美的宋美龄争取美元援助的请求。

《纽约时报》披露的这些数字，目前在中国学界尚存争议。但学者均向笔者确认一点：宋美龄对抗战期间孔宋两家贪污、走私等行为持包庇态度。

外甥女的投机算盘

吴景平认为，宋美龄对孔令伟的袒护就是明显的例子。宋美龄和二姐宋庆龄均未生育子女，蒋经国、蒋纬国不是她自己的血脉，加之与蒋经国的隔阂日深，宋美龄需要培植势力，便将大姐宋霭龄的子女视为己出，尤其喜欢外甥孔令侃和外甥女孔令伟，并认孔令伟为干女儿。这位孔二小姐是当时一景，她只爱男装，穿着西装和长袍，戴着墨镜，随身携带手枪，时常出入娱乐场所，飞扬跋扈，人称“混世魔女”。宋美龄却说：“令伟女生男相，天生豪放，像我。”

1935年，中日签署《何梅协定》，中国军队撤出河北，日本取得了对华北的实际控制权。丧权陷地至此，南京却依然歌舞升平。一天晚上，孔令伟因违反交通规则，被街上一名正在疏导交通的警察拦住。孔令伟不肯退让，双方拉扯了几个回合，孔令伟突然掏出手枪，将警察打死，然后若无其事地离开，继续她的夜生活去了。

即便家里权势鼎盛，杀人也不是小事。当晚潇洒完毕，孔令伟找到姨母宋美龄，把杀人的事情告诉了她。宋美龄只埋怨了几句，并告诉她下次不要再犯。第二天，宋美龄让南京市市长送了抚恤金到警署，安排了受害者的后事，就不了了之。后来，南京街头流行起一句话："别神气，小心碰到孔二小姐！"

1937年淞沪会战期间，孔令伟救过宋美龄一命。有一次，宋美龄带领慰问团乘坐5辆汽车前往前线慰问。她本来应坐第二辆车，但孔令伟告诉她，最好坐别的车，因为日本方面可能已经掌握了她的行踪和乘坐的是哪辆车。从前线返回时，第二辆车果然被日军打得千疮百孔，宋美龄由于临时改乘最后一辆车，只受了点轻伤。

此后，孔令伟便像保镖一样跟随宋美龄出席各种场合，其行为也更加肆无忌惮。1941年，《大公报》刊登过一则新闻，说孔令伟在日军空袭香港之际，用自己的宠物狗在撤离军政要人的飞机上占座，把当时的国民党中央常委陈济棠赶下飞机。这则报道后来被证实有误，但"飞狗事件"完全符合孔令伟留给人们的印象。一时群情激愤，矛头直指时任行政院副院长、其父孔祥熙。在西南联合大学任教的吴晗在课堂上说："古有'蟋蟀宰相'（南宋贾似道），今有'飞狗院长'。"

抗战期间，孔令伟把投机挣钱的算盘打到了姨父蒋介石身上。购买军机时，孔令伟和美国飞机制造商讨价还价，把每架10万美元压到8万美元。美国人也不是省油的灯，把发动机的功率降低了。而每架2万美元的差价就落入孔二小姐的口袋。

孔令伟也有不如意的时候。1941年底，中央信托局运输处处长林世良用军用车队走私进口化妆品、名牌烟酒等物品，从云南入境，被军统头子戴笠发现。而这支车队本应运送战场上急需的军用物资。戴笠将此事报告给蒋介石，蒋批示："枪毙，以肃官箴。"林世良是孔令伟的好友，两人还传出过绯闻。孔令伟得知此事，立即跑到宋美龄那里哭诉，宋美龄转而到蒋介石面前说情，夫妇二人还为此吵了起来。据称，争吵间蒋介石打死了宋美龄的宠物狗。蒋介石当时正寻求国际援助，需要显示自己严惩腐败的态度。最终，林世良被枪毙。但人人都知道，林世良只是孔二小姐和她父亲的替罪羊。

姐夫的黑市买卖

有女如此，其父更甚。中山大学孙中山研究所前所长林家有告诉笔者，宋美龄的姐夫孔祥熙操作了“民国最大贪腐案”。

1942年，美国国会宣布给南京国民政府提供5亿美元贷款。当时，以行政院副院长的身份兼任中央银行总裁的孔祥熙，随即宣布提取1亿美元为准备金，发行“同盟胜利美金储蓄券”，规定20法币购买1美元储蓄券，抗战胜利后可凭券兑换美元。20∶1是当时的官方固定汇率，但物价上涨迅猛，美元的黑市价格远高于此，与法币的兑换比达到110∶1甚至更高。孔祥熙在宋霭龄的支持下，令手下吕咸等人私自将储蓄券以官价购进，然后在黑市抛售，赚取巨额差价，所获暴利达115亿法币。

此时，前线长沙会战、浙赣会战相继进行，伤亡无数；后方则发生了严重的河南大饥荒，难民流离。“而孔祥熙是什么样子呢？据1942年见过他的作家舒芜回忆，‘他是地道的老式山西票号商人的味道’，胖得一身滚圆，蓝缎袍子，套件小坎肩。如此‘肥头大耳，一脸富态’的模样激怒了很多人。有‘傅大炮’之称的国民参政会参政员傅斯年在参政会上公开揭发孔祥熙及其下属倒卖美元一事，称‘办贪污首先从最大的开刀’，众人响应。”多位历史学者向笔者提到这一细节。

蒋介石决定撤吕咸的职。孔祥熙马上通过宋美龄向蒋介石求情，让吕咸自动辞职。蒋介石经不住宋美龄再三求情，只好答应，转而让“傅大炮”不要再对孔祥熙穷追不舍。他问：“傅先生信任我吗？”傅斯年答：“信任。”蒋介石说：“你既然信任我，那么就应该信任我所用之人。”“傅大炮”可不吃这一套：“委员长我是信任的，至于说因为信任你就信任你所任用的人，那么，砍掉我的脑袋我也不能这样说。”

蒋介石无奈而归，总算让孔祥熙和吕咸辞职，顾全了宋美龄的面子。

兄弟的“黄金风潮”

对自己的娘家人，宋美龄更是睁一只眼闭一只眼。曾任军统局特务人员的姜昉晚年在接受媒体采访时，回忆了宋美龄的弟弟宋子良走私黄金的事。抗战期间，宋子良任军事委员会西南运输处主任。西南通道是军事物资输入的重要渠道，但“宋子良从印度走私黄金，把黄金打造成头盔，外面刷上油漆。他们乘飞机入境，戴头盔可对外宣称是担心受到日本人攻击，每个人都戴，结果被戴笠查到了”。杨天石认为，戴笠虽与孔家不和，但和宋家的关系非同一般。所以，与查办孔令伟之友林世良的军车走私案不同，这次宋家走私根本不劳宋美龄开口，戴笠马上放人。

宋美龄对哥哥宋子文的维护则是直截了当的。抗战接近尾声时，1944年12月，宋子文代理行政院院长。有一天，宋美龄到某小学慰问，正在那里采访的国民党中央机关报《中央日报》副总编陆铿问了宋美龄一个问题：“宋（子文）先生又当行政院院长，还要经营银行、烟草等那么多企业，这个难道不冲突吗？”宋美龄答道：“你们这些年轻人不懂，你看那些美国的大官，哪个不是由企业家转过来的，这是很普通的事。你们将来有机会到国外看看就晓得了。”陆铿回忆这段经历时说：“美国的政府要员都是辞掉企业里的职务再到政府任职，我们是带着自己的职务去任职。”

带着政商两界一堆头衔的宋子文，虽然个人存款是南京一众高官中最少的，但并不等于他有多么清廉。中国社会科学院近代史所研究员张俊义认为，宋子文的职务让他有便利条件，能掌握美日在太平洋战场的动态，因此在赴美国公干之余，可以招呼家人向美国安全转移财产。

抗战胜利之后，为应对通货膨胀的局面，哥伦比亚大学经济学博士宋子文决定开放黄金和外汇市场，以中央银行的黄金、美元库存为基础，回收市面上过量发行的纸币，企图达到稳定物价的作用。尽管中央银行逐日抛售黄金、美元，仍不能平抑物价。结果是外汇和黄金储备迅速减少，都流入了私人腰包，蒋介石急令宋子文停止此政策。这就是“黄金风潮”。数月后，《中央日报》刊发调查文章，称孔家的扬子公司和宋子文的中国建设银公司等倚仗特权购得外汇3亿多美元，其中中国建设银公司涉及8000多万美元。宋美龄坐不住了，找到蒋介石，并以离婚来威胁蒋介石查办《中央日报》。《中央日报》在蒋介石的过问下更正称，原报道漏了小数点，3亿多美元应为300多万美元，但主持此调查的陆铿坚称没有错，更正是迫于压力。

最终宋美龄没能保住哥哥。由于开放黄金和外汇市场的预期效果未达到，“倒宋”风潮愈演愈烈，傅斯年连发《这样的宋子文非走不可》《宋子文的失败》《论豪门资本必须铲除》三篇文章，直指宋子文官商不分，公私不分。宋子文只好引咎辞职。

宋美龄为什么要一再庇护孔宋两家的贪腐行为？林家有认为，“那个时候几乎人人如此，在其位谋其‘政’，宋美龄也是这个思路”。中国社会科学院近代史所研究员尚明轩则告诉笔者：“整个民国时期，高官中称得上清廉的恐怕只有孙中山一人。”

“她的虚娇之气令我作呕”

宋美龄本人在抗战期间保持着一贯的生活水准。她酷爱旗袍，有一位专职裁缝张瑞香常伴左右。从抗战开始，张瑞香就跟随宋美龄前往重庆，1942年宋美龄赴美国时也带着他。张瑞香一年当中除了除夕休息一天外，几乎无时无刻不在给宋美龄做旗袍。很多旗袍做好后，她只是欣赏一下便放进衣橱，一辈子都不会穿。曾服侍蒋宋夫妇的翁元回忆说：“宋美龄衣橱内的旗袍件数，大概现今世界上无人能出其右。”知情者称，宋美龄迁居美国时携带的99箱行李中，有55箱是旗袍和其他衣服。

美国作家西格雷夫在《宋家王朝》一书中说："她脚上穿的一双镶有钻石的鞋值80万元，一件外衣值50万元。"胡兆才、杜金玲编写的《民国第一夫人宋美龄》一书中写道，宋美龄赴美演说期间，"鞋子前后都佩戴闪亮的珍珠玛瑙，这些东西都是当时孙殿英从慈禧太后的陵墓里盗窃出来的，为了巴结蒋介石，把这些珠宝送给了宋美龄"。宋美龄收到礼物后曾关照有关人员，拖延东陵盗窃案的审判。

据《华盛顿邮报》报道，宋美龄访美期间，享用着从英国专门定制并用飞机运来的免税香烟。台湾《中国时报》专栏作家林博文说，宋美龄一边在美国拉赞助，一边却大肆挥霍，她当时的开销达到100万美元。另据统计，她这次访美共募集到资金约125万美元。

1943年，美国艺术家多格里斯创作了一幅天堂生活油画，将宋美龄排在圣母马利亚和列位圣徒后，写道："迄今为止，圣母马利亚是人们心目中最纯洁、最理想的女性，而宋美龄是迄今为止人们心目中不愁吃不愁穿最幸福的女性，奇怪的是这位幸福之神生长在贫困的中国。"

抗战胜利后，一位外国记者在南京宋美龄家中采访宋美龄，那天"蒋夫人格外漂亮"。在采访快结束时，记者觉得宋美龄有望成为当代的圣女贞德，"但你得取下这些宝石和翡翠，深入百姓之中，脱掉那些丝绸，穿上普通衣衫，你只有这样才能拯救中国"。宋美龄听罢，站起来，穿过房间走到门口，然后转身，优雅地问记者："你想再来一块蛋糕吗？"

这样的生活在宋美龄看来或许是优雅的，她已经习惯了这种优雅。但建筑在生活优渥、不问人间疾苦之上的优雅，被胡适痛斥为"虚娇之气"。胡适曾任驻美大使，他与宋美龄不同，主张多让美国人了解中国，而不是像宋美龄这样一到美国就伸手要钱。在听完宋美龄的国会演说后，胡适写道："同情与热心是有的，但是她的演说实在不像话，不知说些什么……她说：她的演说是为知识阶级说的，因为知识分子是造舆论的。她的一股虚娇之气令我作呕。"

“那个标语是写给老百姓看的”

林家有认为，宋美龄这种生活态度可以追溯到她的少女时代。她 1912 年正式进入威斯里安女子学院，一年后转入韦尔斯利学院，学习英国文学。据她在威斯里安的好友回忆，英国学者威尔士的《世界史纲》令她“欣喜若狂”，而法国作家莫泊桑的作品令她厌恶。《世界史纲》从宏观视角讲述了人类发展进程，莫泊桑的作品则更多反映底层民众的生活，也就是宋美龄认为跟她无关的生活。

战时，宋美龄请美国《时代》周刊女记者在重庆一家西餐馆吃饭，宋美龄拿起骆驼牌香烟要抽，问女记者：“你抽不抽烟？”女记者说：“不好意思，墙上有标语，‘请勿吸烟’。标语里还说，种烟草的经费应当省下来种田，增加粮食生产。”宋美龄便自己一个人抽了起来。两人聊着聊着，女记者烟瘾大发：“夫人，我是抽烟的，但我看到墙上有标语，不好意思抽。”宋美龄回答说：“那个标语是写给老百姓看的。”在她的意识里，这显然与她无关。

1943 年的一天晚上，罗斯福夫妇邀请宋美龄共进晚餐，席间谈到了美国矿工罢工事件。罗斯福问宋美龄：“如果中国政府在战争时期遇到这样的事情，该如何解决？”宋美龄没有说话，只是用手划过脖子做了一个优美的杀头手势。后来罗斯福问妻子埃莉诺：“你还认为宋美龄是一个性格温柔甜蜜、易于亲近的人吗？”

宋美龄能做出这个手势并不出奇。1927 年 4 月，蒋介石发动了四一二反革命政变，在上海血洗共产党人和罢工群众。8 个月后，宋美龄便选择嫁给了蒋介石，他的残忍无情根本不会影响她的选择，她只是选择了要跟中国最有权势的人结婚，一个军人，一个能控制各路军阀、能手握军政大权的军人。她需要的不过是“玫瑰与权杖”的结合。

“宋美龄和蒋介石结婚，完全是政治交易。”中国社会科学院近代史所研究员尚明轩说。对于这桩婚事，宋美龄的母亲和二姐宋庆龄都极力反对，唯有大姐宋霭龄鼎力支持。“宋美龄选择蒋介石，从她个人角度来看有其合理性，如果她和当时的南京市市长刘纪文结婚，或许日后就过上普通的生活，和蒋介石结婚就不一样了。但从历史上讲，这个选择是错误的。宋家本是革命的家庭，父亲宋耀如一生支持孙中山，他把三个女儿送到美国读书也是希望她们接受进步思想。蒋宋联姻后，宋家更加分裂：宋庆龄坚定地沿着孙中山的革命路线走下去，成为民族团结的重要促进力量；宋美龄却一辈子都站在反共立场上，除了抗战时期。”林家有告诉笔者。

在许多学者看来，正是对权力的热爱，促使宋美龄在抗战时期较多地介入了军队事务，也使得宋美龄呈现出矛盾性：她是基督徒，但她不反对杀人；她冒着生命危险到前线慰问，却对底层民众缺乏怜悯之心；她希望建立史册上的名誉和功业，但对家族中人利用军车走私、贪污挪用军事援助款项不以为意。

抗战期间对内政外交活动的干预，使宋美龄有“权力夫人”之称，“宋霭龄爱钱，宋庆龄爱国，宋美龄爱权”是学界多年来的共识。法国思想家孟德斯鸠曾言：“一切有权力的人都易滥用权力，并将权威运用至遇到障碍为止，这是万古不易的经验。”对宋美龄来说，权力的障碍直到 1975 年 4 月蒋介石病逝后才出现。当时，她的外甥孔令侃匆匆从美国赶回台湾，打算与“夫人派”官员一起拥立宋美龄继任国民党总裁，但遭到国民党中央秘书长张宝树的强烈反对。国民党全体中央委员修改党章，改称国民党最高领导人为“主席”，“总裁”一职永远为蒋介石保留，并推举蒋经国为主席。随后，近 80 岁的宋美龄离开台湾，赴美隐居，直至 2003 年去世。

2003 年，时任全国政协主席贾庆林在唁电中称宋美龄为“中国近现代史上有影响的知名人士”，除此之外，没有更多的评价。林家有告诉笔者，宋美龄没有留下日记和回忆录，现存材料并不充分，有的还存在争议，“对她做个全面的结论比较困难”。但仅就抗战而言，宋美龄称得上最有影响力的知名人士之一，目前也尚无史料证实她本人在战时存在直接贪污军费的行为。

然而，历史的细节值得玩味。1937年，蒋介石在庐山召开最高军事会议，得知可用于作战的飞机仅约300架，厉声问航空委员会主任周至柔："怎么只有这几架飞机？你把空军经费搞到哪里去了？"周至柔不得已才说，他为了办事方便，请宋美龄做航空委员会秘书长。宋美龄认为，中国不能造飞机，进口的价格又高，飞机制造业又发展迅速，一种新飞机问世，最多保持两三年，便被另一种更新式的机型取代，还不如暂时停止购买，只要现有的飞机能维持日常训练即可。到需要时，有钱不愁买不到新飞机。她把空军经费全存到香港的外国银行里。蒋介石听了只好说："没有空军，也要抗战的。"后来，这些日常训练的飞机大半超龄，且在训练中损坏，却没有补充新机。存下来的经费进了谁的腰包？没人能证实。宋美龄引以为傲的旗袍上的空军勋章，有了一道抹不去的阴影。

附录：宋美龄在美国国会参议院的演讲（节选）

议长先生，贵国的参议院议员，女士们先生们，感谢诸位的到来。

贵国与我国的传统友谊已有160多年的历史。我认为，我也相信，诸位和我一样，认识到美中两国人民有着极大的相同之处，而正是这些相似之处奠定了我们友谊的基础。

我要给各位讲一个小故事，说明这一信念。当年，杜立德指挥官和他的部下前往东京作战，在他们返航的途中，一些战士逃往到我国的土地上避难。后来，其中的一个人告诉我，在向本国船只求救无效后，他来到了我国的土地上。我国人民见到了他，跑了过来。他挥舞着手臂，口里喊着他唯一知晓的两个中国汉字"美国，美国"，指的就是"America"。在我国，这两个字的字面意思是"美丽的地方"。这个年轻人说，我的国民听到他那有趣的发音后大笑了起来，并拥抱着欢迎他，好似找到了失去已久的兄弟。后来，他又告诉我，见到了我国热情的人民，他好似回到了家一样安心和温暖。但是，这却是他第一次踏上中国的土地。

当我还是小女孩时，我来到这里。我和你们生活在一起。我讲着你们的语言，不仅仅是诸位心灵的语言，还有你们的口音。我的成长期在这里度过，我了解你们的一切。所以今天来到这里，我也像是回到了家里。

但我相信，这不仅是我一个人回家，我觉得如果中国人民会说你们的母语，或者诸位能够通晓我们的语言，他们会告诉你，我们两国人民是为了共同的信念而斗争。我们恒久的信念就是“四大自由”，这也是贵国总统向世界人民的声明。这声音像锣鸣一样在我们那广阔的土地回响，自由之神正拥抱美国，而侵略者听到的将是死亡的丧钟！

怎样做才能实现我们的理想？我先给诸位讲一个我刚刚想到的小故事。众所周知，中国是一个非常悠久的古国。我们有着五千年的历史文化。当我们被迫从汉口向内陆撤退继续抵抗侵略者时，蒋委员长和我正在长沙战线。一天，我们登上南岳衡山，在那里我们见到了一个有名的历史遗迹叫“磨镜台”，它有两千年的历史。各位可能会对这个故事感兴趣。

两千年前，在那个遗迹附近有个古老的佛寺。一个小和尚来此修行，整天盘膝而坐，双手合十，默默念着“阿弥陀佛，阿弥陀佛，阿弥陀佛”。他默默念着唱着，日复一日。因为，他渴望成佛。

寺院的一位高僧（怀让）也很古怪，整天拿着一块砖去磨一块石头，日复一日，年复一年地做这件事。小和尚对此很疑惑，有时候抬头看看高僧在干什么。而高僧只是继续做着这件事。一天，小和尚问：“你成天磨着石头，在干什么呢？”高僧回答说：“我想把这块砖磨成镜子。”小和尚又说：“但砖是无论如何也磨不成镜子的。”高僧说：“这就像你只是念佛，不做些实事，也很难成佛。”

因此，在座的朋友们，我们不仅要有理想，还要把我们的理想推广开来，更重要的是行动，用实际行动来实现我们共同的理想。在座的参议员及旁听席的女士们先生们，我要对诸位说：没有大家的实际帮助，我们的领导人无法实现这些理想。在座的朋友和我必须铭记“磨镜台的故事”。（撰文：许陈静　王肖潇　田亮）

宋美龄在曼哈顿的最后岁月

宋美龄传记《最后的皇后》书影

“一位乱世里的非凡女人影响了20世纪中国史”，美国前国务卿基辛格曾如此评价宋美龄。作为“20世纪30年代到50年代一直代表中国面向西方世界的标志性面孔”，宋美龄的魅力和人们对她的好奇丝毫不因其成为历史人物而稍减。她逝世不过六年光景，却已有两本关于她的英文传记问世。2009年，美国知名女性传记作家汉娜·帕库拉完成了最新的传记作品《最后的皇后》，在这部被基辛格称为“盖棺论定的权威之作”里，作者以787页的篇幅及大量生动的细节，详细记录了宋美龄漫长、传奇而又丰富的一生。基辛格在接受该传记作者采访时说，宋美龄晚年心情和健康受到尼克松中国政策转变的巨大影响。《最后的皇后》一书，用极其详尽的笔墨，描述了宋美龄在美国最后近30年的生活细节。

在长岛的 20 年

1975 年 9 月，蒋介石过世五个月后，宋美龄以赴美就医的名义，带着十几个随从和护士前往美国。当然，她离开台湾也许另有原因。有传言说，宋美龄及其支持者认为她应该在她丈夫死后继任国民党主席，随后她又试图将外甥孔令侃推上台湾政界顶层，当这些尝试都归于失败之后，这位遗孀意识到她在政治上已经成为多余的人。

到美国后，宋美龄先是住在长岛罗卡斯山谷蓝丁顿市的孔家宅子，后来搬到曼哈顿的一栋公寓里。宋美龄在长岛的寓所是一栋两层小楼，掩映在绿树中，四周是草坪。与她住在一起的，还有外甥女孔令仪。

书中引述蓝丁顿市市长的话，“她在这里住了 20 年，却直到她离开的时候人们才知道”。蓝丁顿的邻居们也说，除了时不时经过的加长豪华轿车，他们不曾见过宋美龄。只有在购物中心关闭的节假日，她才会去当地的美发沙龙洗头发。有人看见她由两辆车护送，走进沙龙后，会有两名中国保镖神情紧张地在外面踱步。20 世纪 70 年代末，中美建交后，当地报纸的一位编辑说：“我几次看见她的加长豪华轿车来来去去。她一定非常生气，因为美国现在决定承认中国的 9 亿人口了。从个人角度而言，我不在乎她怎么想，我只想为她写个讣告，因为她给世界带来了很多痛苦。”

1998 年，孔家将蓝丁顿的府邸卖给了一家地产开发商。宅子里家具、物品的拍卖引起《今日美国》《财经日报》、ABC 电视台等媒体的关注。这是因为数以万计的在美华人纷纷涌来这里，在宅子里走走看看，悄声交谈，琢磨着是否要拍下些什么。贵重物品都已经被带走，除了一对 19 世纪的法国烛台、一个 19 世纪的英国座钟、三幅宋美龄自己的油画，其他的物品都没什么特别。宋美龄本人也并未在这次家族用品拍卖时露面。

1999 年 12 月 13 日 9 时，拍卖开始。据书里记载，由于人实在太多，拍卖被迫在两个小时后暂时停止，但人群仍不断涌来，并发生骚动，当地警方不得不出动了近30名警察维持秩序。那些来得早的人则在房子里转悠，坐在宋美龄的床上，抚摸她的衣橱，或者在她的照片前摆姿势拍照。然而，人潮并未抬高成交价格，大部分东西都按照原来的估价售出，唯一例外的是一张平淡无奇的床，估价300美元，卖出了8000美元，据说宋美龄曾在这张床上就寝。

格雷西街10号的最后时光

宋美龄在曼哈顿的公寓位于格雷西街10号，是纽约最雅致的建筑之一，为孔令侃生前购买的一处房产。孔令侃在世时，就曾经多次对小姨宋美龄表示："将来您老人家一旦不习惯在城外居住，随时可以搬到这所公寓里来。"不过那时，住惯了瓦房和低层楼房的宋美龄，并没有马上住进喧嚣的曼哈顿高层住宅区，直到1995年，她的身体实在难以承受城外就医不便等诸多实际困难，才在孔令仪的多次劝说下，搬进了这所高层住宅。

《最后的皇后》详细描述了这套公寓的装饰情况，它俯瞰东河，共有18个房间，包括7间主人卧室和许多仆人间。房内装饰以红色为主色调，大量运用了锦缎，地上满铺地毯。宋美龄的卧室放置着她的画像，起居室里有着美丽的翡翠、象牙，精妙的油画以及中式橱柜。

据一位格雷西街10号的住客说，宋美龄有三只小型犬，一只约克夏，还有两只比熊犬，"和女主人一起，它们也逐渐变得衰老而蹒跚"，一位纽约的专栏作家这样写道。这位专栏作家也提到，邻居们逐渐对碗碟和北京烤鸭发出的刺鼻气味有了抵触，而最后，越来越多的蟑螂终于引来邻居们的抱怨。"检查人员过来进行探测，看看别人家的壁橱总是非常有趣的，而看这样一位曾大权在握的女人的壁橱更是如此，比如，有一个壁橱装满了金条。”

晚年宋美龄（资料图片翻拍）

2000年1月，宋美龄应《世界日报》之邀到法拉盛参观书画展览。开幕当天，她穿着一件黑色的长外套，低跟船鞋，佩戴着钻石耳环和一枚硕大的钻石戒指。两千多人蜂拥而至，大多数都是为了来看宋美龄的画作。两个月后，宋美龄的画作在旧金山展出，获得很高评价。

虽然在需要时，宋美龄能够勉力公开露面，但在接近100岁的那几年，她开始真正隐退。她的朋友埃莉诺说：“她很难步行出门了。她来和我们吃午饭，然后我们一起回去，接着她的思维就开始跳跃，以至于开始重复说过的话。”

深居简出的宋美龄却从不缺席她自己每年三月的生日庆祝会，来宾包括朋友、亲戚以及身着喜庆红衣的台湾地区“国家妇女同盟会”成员。盛会为期两天，前一夜先在宋美龄侄女罗丝密德的家里欢聚，然后在格雷西街10号的宋美龄寓所用晚餐。走下楼梯露面的那一刻，她总是光彩照人，在孩子们一拥而上一番亲吻之后，她被护送进餐厅。而当告别客人上楼时，她总是像女皇般挥手，并用坚定的嗓音说：“各位，再见！”

宋美龄人生的最后十年，她的侄子每年来看她两次，当被问到宋美龄是否神志清楚时，他说，“她以自己的方式保持着清醒”。宋美龄有时会把他当成别人，所以他们的谈话也有些异常。据说，宋美龄每天都接到来自台湾的报告，多是秘书做的剪报，以及她最喜欢的杂志。她对侄子说：“我的姐妹们死了，我的兄弟们也死了，我不知道为什么上帝留下了我。”在整整一周内，她每天都提起同样的问题，有一天她似乎找到了答案，认为上帝留下她，是为了让她带领那些没有皈依耶稣基督的家人。对宋美龄来说，家人永远是她关注的重点。

2002年5月，宋美龄如常庆祝了她的105岁生日，“她在紫色锦缎上佩戴了翡翠珠宝，看上去状态极好”。而第二年，她不再能和亲朋好友聚在一起欢度这一年一度的盛会了。她被肺炎击垮，并因此住院。几个月后，她的感冒再次发展成轻微的肺炎症状。10月23日晚上11时17分，宋美龄在卧室床上安然逝世。她的侄女、侄女婿和另外一位不知名的家庭成员在她临终时陪伴着她。据一位格雷西街10号的住客说，移灵的过程宁静、庄重而神圣，由一名年轻的护卫在车道上守卫着宋美龄的遗体上灵车。街道上却乱成一片，摄影记者试图冲破警察的封锁，抢拍几张照片。2003年11月，宋美龄的葬礼在纽约公园大道举行。

两个女人的缘分

在1999年前后，宋美龄的人生就已经引起了美国专攻女性历史传记的女作家汉娜·帕库拉的关注。1985年以来，每间隔十年左右，汉娜便会在世界范围内，推出一位身居后位的著名女人的传记。她的上一本书，关于德国腓特烈皇后的传记《不凡的女人》出版于1997年。

汉娜时已届古稀之年，在50岁之前，她对自己作为知识女性的才情与天赋从未有过清晰洞察。汉娜本人的故事可说是自20世纪50年代至今半个多世纪以来，美国中上层社会女性探求与改变自身命运的经典写照。她曾对《纽约时报》记者说：“我无法写我自己，这就是我为何写他人的原因。”

汉娜在洛杉矶长大，她的父亲是一个汽车零件制造商，母亲一心希望自己美丽的女儿将来嫁个好老公。犹太裔出身的汉娜与她同时代的很多女性一样，是被当作完美的太太、体面的家庭主妇和母亲来培养的。20世纪中期，正是美国经济繁荣的年代，汉娜也步入她人生的黄金期——青年时代。中学毕业后，虽然汉娜非常想上老牌的著名文理学院拉德克利夫学院，但父母并不希望她将来做一位女学者，而将她送入了韦尔斯利女子学院。这一决定最终使汉娜成为若干年后她第三位传主宋美龄的学妹（宋美龄曾于1913年至1917年在韦尔斯利女子学院就读）。就这样，相隔38年的机缘巧合将东西方不同肤色、不同种族女性的命运暗中缔结在一起。

在韦尔斯利读三年级时，汉娜嫁给了一位金融家，这段美满的婚姻持续到她35岁那年，其丈夫因心脏病发作猝死。四年后，汉娜与著名电影家艾伦·帕库拉结婚，他是电影《杀死一只知更鸟》的制片人，也是《索菲的抉择》《水门事件》等名片的导演和编剧。当帕库拉先生拍摄电影《水门事件》时，汉娜也找到了自己的职业：传记写作。虽然没有受过专门的训练，但她能自律，极具耐心，且求知欲旺盛。她花了七年时间沉迷于巴尔干历史，为的是写作她的首部作品，玛丽女王的传记《最后的罗曼史》。这部作品1985年出版后，好评如潮，多次再版。那时，汉娜早已步入中年。

汉娜有着天然潇洒的社交风采与自信，但要想成为一位作家，她仍感觉心虚。她的导演丈夫给了她信念上的强力支撑。汉娜回忆说："他给予我足够的空间去尝试。那对我而言，是巨大的恩赐。无论成功与否，他都对工作这件事本身保持着敬意。"

1998年11月，汉娜的第二任丈夫——成就卓著的艾伦在70岁时死于纽约长岛高速公路上的一起车祸。那之后，她一心一意投入自己的创作中。

为撰写宋美龄传，汉娜采访了很多当事人，并从书信、回忆录、论文集与公共文史档案中寻找资料。经过十多年的辛勤努力，《最后的皇后》终于面世，引起强烈反响。书中引用抗战时长期任美国《时代》周刊驻重庆名记白修德的分析，"国民党的行止在外表上看似乎很完美，唯错在领导阶层腐败，秘密政治之残忍和无法兑现承诺，吸干了中国人民的骨血眼泪”，念及宋美龄为何饱受西方教育，却对丈夫的独裁统治无任何制约，以至于他的执政党迅速沦为一个低效而昏聩无能的政府，作者“总不免感觉她离开韦尔斯利之前，并未能真正学到多少关于西方民主精神与政治的精髓，倒是在麻将桌前虚度了许多大好午后光阴”。

在这本书里，汉娜也对她的新传主——宋美龄表达了女性的同情，认为宋美龄作为一位风姿绰约、怀着新思想的新女性，从美国回到中国后，她所面对的时代，依旧将女人视为丈夫的妻子和儿子的母亲，她的丈夫早有妻室，在婚前就染有性病，因此她不得不独自探索生活的方向。（撰文：索非　汪晓祥）

蒋经国眼中的共产党

2011年是中国共产党建党90周年。纵观这90年的发展历程，国民党始终“伴其左右”。两党有过历史性的合作，也有过重大的分裂。

蒋介石之子、原国民党主席蒋经国，更是与共产党有着特殊的渊源。他加入过共产党，反对过共产党，感谢过共产党。由于特殊的身份地位，他对共产党态度的变化，直接影响到国共两党和海峡两岸关系的变化。

本文以新的视角解读蒋经国的一生。他对共产党的态度为何发生重大转折？他眼中的中国共产党究竟是怎样的？他为国共关系留下了什么样的政治遗产？

台湾纪念他，大陆没忘他：一位特殊的政治人物

在浙江，宁波溪口和嘉兴南湖，是两个常常连在一块儿、进行“一日游”的标志性景点。

1910年4月27日，原国民党主席蒋经国出生于宁波溪口。在他11岁那年的7月31日，距他150公里的嘉兴南湖一艘游船上，10余名代表秘

2009 年 4 月 10 日，马英九在“蒋经国先生百年诞辰座谈会”上致辞

密通过了《中国共产党的第一个纲领》，宣告中国共产党成立。

从此，蒋经国的命运就和共产党纠缠在一起——第一次国共合作期间，他在苏联接受了共产主义教育；蒋介石反共后，他公然与父亲决裂；西安事变后，他带着斯大林交给他的“促进国共合作”的使命回国；抗战结束后，他放弃共产主义理想全力支持父亲；初到台湾时，他牵头成立“中国青年反共救国团”，积极反共；晚年，他又坚决反对台湾独立，开放台湾同胞回大陆探亲。

让台湾民众有“幸福感”

2011 年 1 月 13 日是蒋经国逝世 23 周年的日子，台湾地区领导人马英九和国民党副主席、蒋经国之子蒋孝严前往蒋经国陵寝祭拜。马英九神情肃穆，在陵前静静追思良久，才鞠躬步出。蒋孝严则不忘在父亲陵前报喜，宣布儿媳怀孕 4 个月，蒋家将再添金孙。同日，台湾推出电视节目《蒋经国纪事》特辑，详细描述了蒋经国与女儿蒋孝章的父女情。几天后，台湾“今日新闻网”举行了一项名为“辛亥百年幸福影响人物”网络民调，让台湾网友票选“谁让你感到最幸福”。结果，蒋经国高居第二名，是唯一获选的政治人物。

1 月 22 日，江西省第三次全国文物普查领导小组办公室宣布，蒋经国于 1942 年公布的《新赣南家训》文告，以及他的外室章亚若旧居龙南会馆等一批文物，正式入选江西文物“百大新发现”。随后，在江西省政协第十届四次会议上，民革江西省委上交提案，建议开发“蒋经国在赣南”活动旧址：“二十世纪三四十年代，蒋经国实施‘赣南新政’，在当地留下美誉。蒋经国旧居、中华儿童新村等地，理应打造成一条精品旅游路线。”

4月6日，蒋经国的故乡宁波举行了一场庄重的捐赠仪式。曾长期担任蒋经国私人秘书的宋时选的后人，将12帧反映蒋经国生活、工作的珍贵照片和其他资料无偿捐赠给宁波市档案馆。

坚持一个中国，反对“台独”

蒋经国之所以获得人们的肯定，是因为他在晚年推动了两岸关系的“解冻”。

台湾地区领导人马英九曾说：“台湾媒体针对台湾地区历任领导人的贡献，做过多次民调，经国先生总是名列第一，满意度高达七成。”马英九的副手萧万长说：“我们很难想象，若非经国先生在辞世之前做此决策（指开放台湾人士赴大陆探亲），后来还不知道需要多久才有人能够踏出这历史性的一步。多年来，‘开放大陆探亲’的满意度，在相关之民调中，都领先其他任何公共政策。”

台湾《联合报》在纪念蒋经国诞辰100周年时发表社论称：“蒋经国一生集其大成的功业，就在毅然实现解严及开放两岸交流；这正是他油尽灯枯、呕心沥血之作。如今回顾蒋经国的施政，虽亦不无犹豫曲折之时，但大体上则可谓是其道如矢、一往无前；他的每一重要步履，可说皆是为‘民主进阶’及‘两岸和解’在做积蓄及准备，而最后他在向国家及历史缴卷时，也交出了解严及两岸开放的漂亮成绩单。”

中国共产党也给了蒋经国一些肯定的评价。1988年1月13日晚，中央电视台《新闻联播》中，播音员张宏民身着黑色中山装，表情凝重地播报了第一条新闻：蒋经国在台北逝世。第二天，国家领导人发表谈话，肯定了蒋经国先生坚持一个中国，反对“台湾独立”，主张国家统一，表示要向历史作出交代，并为两岸关系的缓和作出一定的努力这一系列行动。

中共中央以及有关人士和蒋经国在大陆的亲属都向台北发去了唁电。

大陆一位学者在评价蒋经国时这样说："有的时候，特别是关键时刻，一个处于关键位置的政治人物，他的取向、选择往往能决定历史的走向。"可以说，在两岸关系上，蒋经国做出了正确的选择。（撰文：刘娜）

与父亲决裂，加入共产党，娶了苏联妻子："尼古拉同志"的红色岁月

蒋经国是蒋介石的长子，但很多人不明白，这位国民党的"太子爷"为什么会在15岁时只身去苏联接受共产主义教育，甚至加入了苏联共产党。从1925年到1937年，蒋经国从未离开过苏联。12年的"红色岁月"，蒋经国是怎样度过的？又受到了怎样的影响？

从爱哭小儿到进步青年

蒋经国是蒋介石的第一任妻子毛福梅所生，乳名建丰，号经国。他出生时，蒋介石正在日本，母亲和祖母把他抚养长大。据他幼年的家庭教师回忆："惟因她婆媳（蒋介石母亲和毛福梅）过分疼爱，戏玩不让远离膝前，致使小时的经国不免娇怯易哭。"

1925年，蒋经国进入上海浦东中学就读，开始关心政治和国家大事。5月，五卅惨案爆发，蒋经国激于爱国义愤，积极参加示威游行，发起抵制洋货运动。学校当局以"思想危险、行为越轨"为由，将蒋经国开除。那年夏天，他赴广东探望时任黄埔军校校长的父亲，在校园遇见许多苏联学生，感到"只有俄国人才是中国的真正朋友"，对世界革命中心苏联愈加向往。

为了准备出国留学，蒋经国前往北京学习。在此期间，他认识了北方中共领导人李大钊，对其十分钦佩，这是他生平结识的第一位共产党人。李大钊介绍蒋经国认识了许多苏联友人。蒋经国后来回忆说："（北京）洋

溢着国共友谊的气氛。我本人亦惑于这种心理环境，彻底改变了我原来（赴法留学）的计划。”

蒋经国提出去苏联留学的要求时，蒋介石刚从苏联考察归来，对那里的印象并不好，没有同意蒋经国的请求。但在苏共代表鲍罗廷的竭力推荐和国民党元老吴稚晖的劝说下，蒋介石终于答应了。

1925 年 10 月，蒋经国告别上海，乘海轮起程前往苏联。离沪前，他正式加入了国民党。在船上，他认真阅读了布哈林的《共产主义 ABC》，这是他所读的第一部有关共产主义的书籍。此时的蒋经国并没有料到，他这次赴苏，竟然一去就是 12 年。

“打倒反革命蒋介石”

一个月后，蒋经国抵达莫斯科。同来的还有邵力子的儿子邵志刚、冯玉祥的儿子冯洪国和女儿冯弗能、于右任的女儿于秀芝、后来成为邓小平第一任夫人的张锡媛、原名陈绍禹的王明等。在同学中，蒋经国年纪最小。他性格开朗，活泼顽皮，很快得到了大家的喜爱。在莫斯科，蒋经国有了一个俄国名字：尼古拉·维拉迪米洛维奇·伊利扎洛夫。

虽然是国民党员，蒋经国对共产党员的印象却比对国民党员好得多，他曾回忆说：“在（莫斯科）中山大学，有部分国民党员学生，因为行为不端，颇惹人反感。一般人有时觉得共产党员行为比较检点，作为也较有出息。”他对当时中共驻莫斯科大学支部的评价颇高，称“它的党员组织严密，并受到严格监督，而且永远遵照中央集权领导的指示行事。他们生活简朴，纪律严明。因此，我有一阵子对他们的活动产生了兴趣”。可能正因如此，到莫斯科不久，蒋经国就加入了共产主义青年团，他的团小组长是邓小平（当时名叫邓希贤）。

蒋经国曾担任学校墙报《红墙》的编委，自己也经常写稿，曾在文章中鼓吹“在中国建立起苏维埃政权”。但在关于中国革命领导权的问题上，蒋经国与中共的观点有所不同。他相信，国民党是国民革命的领导者，将在父亲的领导下统一中国，完成国民革命的任务，中共只能充当配角。

1927年，从上海传来了令人震惊的消息：国民革命军总司令蒋介石发动四一二反革命政变，血腥屠杀共产党人和工农群众，宣布实行“清党”，开始“反苏反共”。

作为蒋介石之子，蒋经国一下成为矛盾的焦点。他必须立即表明自己的态度，与父亲划清界限，不能有丝毫犹豫。在中山大学举行的声讨蒋介石罪行的大会上，蒋经国跳到主席台上，激动地用俄语振臂高呼：“打倒反革命蒋介石！”同学们激动万分，把他举起来，抛到半空中，高喊：“乌拉！乌拉！（俄语，为欢呼之意）”

次日，蒋经国又在苏联《消息报》上发表公开声明：“蒋介石已经结束了他的革命生涯。作为一个革命者，他死了！他已走向反革命，并且是中国工人大众的敌人。蒋介石曾经是我的父亲和革命的朋友，他已走向反革命阵营，现在他已经是我的敌人了！”蒋经国的表现让他在苏联一下子成了万人瞩目、家喻户晓的新闻人物。许多苏联人一见到中国学生就打听：“哪一个是蒋介石的儿子？”“蒋介石的儿子在哪里？”以一睹蒋经国的容貌举止为荣。

但据蒋经国后来说，他当时对国共分裂原因的真实看法，与上述公开表态大相径庭。据说四一二反革命政变发生后，他曾得出结论：“中国在1927年政局动荡，主要原因是中共领导无方，政策不智亦不周全。”

事后，中共领导人周恩来到莫斯科出席中共六大会议期间，曾会见蒋经国。他告诉蒋经国，批判蒋介石固然是一件正确的事情，但仍不应忘记随时给其父写信，以保持联系。蒋经国接受了他的劝告。可以看出，在蒋氏父子关系问题上，周恩来目光更为远大，他看到了将来情况发生变化的可能性，所以希望维系蒋氏父子的关系。后来发生的事证明了周恩来的远见。

数次请求回国未获批准

1927年4月，蒋经国毕业，要求返回祖国。当时中共代表团担心蒋经国回国后会成为其父反共的得力助手，坚决主张让他留在苏联。蒋经国在失望之余申请加入红军，获准进入驻莫斯科的红军第一师，成为一名普通士兵。经过一年的训练，他成为最优秀的五名学员之一，被保送到列宁格勒的红军托玛契夫中央军事及政治学校深造。这所学校在苏联军队中的地位，相当于美国的西点军校。

在校期间，蒋经国加入了苏共，成为一名候补党员。军校对他的评价很高，称其是“全校最优秀的学生”。1930年5月，蒋经国从军校毕业，再次提出回国，仍然未获批准。他继而申请担任红军军官，以求在军界发展，但斯大林还是未予同意。

1930年10月，蒋经国被派到莫斯科狄那莫电厂当见习生，生活比较艰苦。1931年九一八事变后，斯大林在莫斯科秘密召见了蒋经国，与之讨

1935年，蒋经国（右）在苏联期间，同妻子蒋方良到海滨度假

论了远东形势与中苏关系，这是斯大林第一次接见蒋经国。

在电厂期间，蒋经国努力工作，获得了各方好评，并被推荐为管理委员会副主任。但这一建议遭到了中共驻苏联代表王明的反对，蒋经国一怒之下，与王明发生了正面冲突，共产国际因此要求将他流放到西伯利亚。1933年，蒋经国被派到西伯利亚的阿尔泰金矿工作，在冰天雪地里度过了饥寒交迫的九个月。这是蒋经国在苏联生活时期最艰难的岁月，带有某种劳动改造的性质。这既与王明等人的迫害有关，也和当时中苏关系、国共关系恶化的形势分不开。

1933年10月，蒋经国进入乌拉重型机械厂当技师，一年后升为厂长助理，兼任当地《重工业日报》的主编，并被接纳为苏共正式党员。此后几年他一直在该厂工作，并认识了苏联姑娘芬娜（即蒋方良），很快结婚生子。

1935年1月，中共第五次反“围剿”失败，红军正在进行艰苦的长征。蒋经国再次被召到莫斯科与斯大林共进晚餐。当时斯大林关心的问题是：国民党在“剿共”胜利后，其对内对外政策将出现何种变化？苏联应采取何种对策？

1936年12月，张学良、杨虎城发动西安事变，扣押了蒋介石，迫使其与中共谈判。中共代表周恩来在会见蒋介石时，说到蒋经国在苏联颇受优待，蒋介石微露思子之意，周恩来便满口答应将帮助他们父子团聚。此时，蒋经国本人也多次写信给斯大林和苏联政府，坚决要求回国。1937年3月，蒋经国带着妻儿离开他待了12年的苏联。（撰文：贯维）

接受三民主义再教育，加入“三青团”：追随父亲，由“红”变“白”

1937年2月，斯大林召见即将回国的蒋经国，交代他回国的明确任务是促使蒋介石“向左转”，与中共和苏联合作。同年3月，蒋经国全家在中共驻共产国际代表康生的陪同下，乘火车经海参崴回国。在海参崴，蒋经国最后一次致电苏共中央，表示“会恪遵党纪”。

被指有“共产作风”

蒋经国回到上海后，提出与父亲见面的要求。或许是被儿子的公开决裂伤了心，或许是想让他反省一下自己曾经的“幼稚”行为，蒋介石起先拒绝与蒋经国见面。后来经吴稚晖从中游说，父子俩才得以会面。据说两人见面后，蒋经国二话不说，先跪下给父亲磕了三个响头。

父子二人冰释前嫌，蒋介石把蒋经国介绍给妻子宋美龄，还亲自给儿媳芬娜取了中国名字“芳娘”（蒋经国后来将其改为“方良”）。此后半年，蒋经国一直在老家与生母毛福梅一起生活，闭门接受中国传统经典与孙中山三民主义思想的再教育。蒋介石相信，只有孔孟之道、儒学经典，才可以涤除苏共对蒋经国的影响。

1938 年初，蒋介石把蒋经国委托给了江西省主席熊式辉，担任江西省保安处少将副处长。蒋经国上任后，立即在全省各地展开突袭式巡视，搞得国民党地方官吏鸡飞狗跳，纷纷向熊式辉表示不满。熊式辉为此成立了“江西省地方政治讲习院”，将蒋经国调为新兵督练处处长。在这一职位上，蒋经国同样毫不含糊，不仅雷厉风行地处死逃兵，还对农村招募来的新兵提供具体帮助，以解除其后顾之忧。

此时的蒋经国依然保留着共产主义的红色思想，这也体现在他的日常工作中。蒋经国曾邀请苏联军事顾问到南昌反法西斯集会上演讲，他本人还受邀到新四军驻南昌联络办事处演讲。这立即为他招来了许多非议，越来越多的国民党要员形容他有严重的“共产作风”。蒋介石在流言之下，交代特务头子戴笠插手此事。戴笠派手下文强每个月跟蒋经国见一次面，向他介绍国民党的派系斗争和现状，教他在国民党内的生存之道。文强与蒋经国年龄相仿，两人聊得很投机，到后来几乎无话不谈。最初，蒋经国当着文强的面，一再用“大资产阶级”这样的词称呼孔祥熙和宋子文，在文强的几次劝说下，才慢慢改变。

1938 年 4 月，国民党召开临时全国代表大会，决定成立“三民主义青年团”（以下简称“三青团”），蒋经国兼江西省支团主任。这是蒋经国派系正式形成的开始，日后该派系成员成了蒋经国在台湾的重臣要员。

赣南“新政”，初显政治手段

1939 年 3 月，南昌沦陷，国民党省政机关南迁。1940 年初，蒋经国正式接任江西第四区行政专员兼保安司令。第四区又称赣南，涵盖了整个江西南部的 11 个县，人口约 200 万。因为土地贫瘠，加上盗匪横行，民众生活非常贫困落后。蒋经国到任后，立刻有系统地遍访辖区各个角落，对当地情况有了初步认识与掌握，随即展开了“新政”。

蒋经国首先确定以恢复地方治安为第一要务，展开为期一年的“扫荡行动”，除扩编保安队外，还成立了 600 人的自卫队。据当时报道，当年全境共有 541 名土匪自首，逮捕盗匪 2246 名，处死若干重犯，初步安定了地方。随后，蒋经国宣布向烟、赌、娼开战。规定以一年为勒戒期，一年之后，任何人吸食鸦片，一律处以死刑。1941 年，蒋经国命令取缔娼妓，裁撤征收妓院税的单位。一年之内，赣南地区妓院销声匿迹。此外，蒋经国还将各种地租一律减免 25%，引进“耕者有其田”的政策，在佃农土地上成立示范农场，把荒地分给贫农耕作。两年之内，当地农业生产总量上升 20%。种种政策，让蒋经国被当地百姓称为“青天”。

就在蒋经国逐步展示其政治才华、取得一定成绩的时候，国民党内一些人却开始散布“赣州变‘红’了”，“蒋经国要在赣州搞‘赤化’了”等谣言，并传到了重庆，蒋介石更加怀疑儿子在“睡国民党的床，做共产党的梦”。1943 年 12 月，蒋经国被召回重庆，调任“三青团”中央干部学校教育长，赣南“新政”无疾而终。

重回故地，与苏共正式决裂

1945 年抗战胜利后，面对东北势力范围的划分及外蒙古独立的棘手问题，国民党与苏联的关系进入了一个微妙阶段。斯大林出于苏联国家利益的考虑，对国民党采取两手共举的策略：一方面，他不放弃施压蒋介石接受苏联在中国的势力范围；另一方面，他又认为中共尚不成气候，苏联需要维持与蒋介石政权的关系。

在此背景下，蒋经国作为国民党内的“知苏派”，出任外交部东北特派员。1945 年圣诞节期间，蒋经国只身前往苏联。12 月 30 日与次年 1 月 3 日，蒋经国两度与斯大林会谈，试图说服斯大林促成中共与国民党合作、放弃外蒙古独立等，但都被斯大林以托词敷衍过去，并反过来提出了让国民党将美军送出中国的要求。

在后来俄罗斯解密的苏联文件中，记载了蒋经国与斯大林的会谈内容，其中有一段十分精彩的对白：

> 蒋经国说，……决定在不改变国民政府的结构和法律地位的条件下邀请中国共产党代表参加政府……蒋介石同意保留 16 至 20 个师的共军并保证其安全。但是，既然谈到中国的统一，军队就应该统一，即统一指挥。蒋介石认为，共产党人不应该将自己的武力用于分裂国家……请斯大林大元帅向中国共产党提出与国民党合作的建议。
>
> 斯大林同志答道，……苏联政府已从延安召回了所有的代表，因为他们不同意中国共产党人的行动……中国共产党人并不从属于俄国共产党人。共产国际已不复存在。俄国共产党人很难（对国共关系）进行调停，因为他们不想提出最终会被拒绝的建议。况且中国共产党人并未请求（苏联）提供建议。
>
> 蒋经国指出，斯大林大元帅的威望将迫使中国共产党人遵从他的建议。
>
> 斯大林同志答道，……苏联政府并不想干涉中国的内政。一般说来，外国军队干涉中国事务于蒋介石不利，因为这将导致中央政府权威的削弱。

蒋经国被敷衍对待的同时，1946 年 1 月 2 日，斯大林会见了毛泽东的长子毛岸英，并送给毛岸英一把手枪。1月14日，蒋经国黯然回国，双方并没有达成什么实质性的协议。10月，蒋经国正式辞去东北特派员的职务，返回了重庆。苏联之行让蒋经国明白了自己在斯大林心中的地位，两人早已不再是“革命同志”，他也不再是当年那位激情澎湃的马列主义青年了。

此后三年多的时间，蒋经国一直跟在蒋介石身边。虽未在政府中担任职务，但他积极扩充自己在“三青团”内的力量，在国民党内羽翼渐成。而蒋介石在内战节节失败、众叛亲离之下，对儿子也愈加信任，父子感情终于重归亲密无间。

1949年，蒋经国随蒋介石飞往台湾，从此永别大陆，再没有回头。又一个12年，他完成了由“红”转“白”的全过程。曾经的红色经历在他身上留下的，唯有在苏联养成的清廉与亲民的作风。这也成了他日后能够在台湾力行“革新”、赢得民心的关键。（撰文：胡石青）

台湾问题专家评价蒋经国：给国民党留下一份政治遗产

从苏联到中国大陆，再随蒋介石从大陆退据台湾，成为台湾地区的领导人，蒋经国的一生经历了复杂的变化。蒋经国到底是如何看待共产党的？他对共产党态度的转变，对两岸关系造成了哪些影响？带着这些疑问，笔者专访了北京联合大学台湾研究院政治研究所所长李振广。

笔者：从亲共到反共，再到与共产党缓和关系，蒋经国对共产党的态度一直在变化。您认为，蒋经国到底是如何看待中国共产党的？

李振广：蒋经国在人生的不同阶段，对共产党的认知是不同的。总的来看，无论他曾经说过什么，但他清楚地认识到，中国共产党本质上是一个救国救民、反封建、反专制、反腐败的革命政党，是中国国家利益、民族利益的忠实代表。这种认识也是蒋经国晚年再次与共产党缓和关系，谋求促进两岸统一的重要思想基础。

笔者：蒋经国晚年对共产党态度的转变，对两岸关系造成了哪些影响？

李振广：从 1950 年到 1975 年，蒋经国一直处于父亲蒋介石的阴影下。为了巩固蒋家在台湾的统治，在对待中国共产党的问题上，他没有选择的余地。直到蒋经国成为台湾最高领导人后，他才能表达自己的看法。20 世纪 70 年代，受到国民党政权被迫退出联合国、中美建交等因素的冲击和大陆推行“一国两制、和平统一”政策的影响，蒋经国对中国共产党也有了客观、理性的认识。毕竟他明白，中国共产党从民族大义、国家利益、两岸人民共同利益出发，做出和平统一决策的重要性。

笔者：马英九曾评价说：“蒋经国在两岸关系的解冻上迈出了第一步（开放赴大陆探亲）。”是什么促使蒋经国迈出了这一步？

李振广：首先是蒋经国的民族大义。当时，国民党到台湾已经 30 多年，两岸继续对峙不符合两岸同胞的利益。作为一个有着强烈民族思想的中国人，蒋经国希望两岸关系缓和，希望两岸逐步走向统一。尤其到了晚年，蒋经国有“时不我待”的感觉，这是促使他解冻两岸关系的内在因素。

其次是大势所趋。经过 30 年的建设与发展，台湾一跃成为“亚洲四小龙”之一。20 世纪 80 年代，随着大陆实行改革开放政策，经济发展的活力逐渐凸显出来。中国崛起的希望在于大陆，在于两岸统一。对这一大趋势，蒋经国是非常清楚的。

最后是给历史一个交代。结束两岸敌对状态，打开两岸关系的大门，推动两岸最终统一是蒋经国的历史责任。他迈出这一步，给了历史一个交代，因此历史也将把他载入史册。

笔者：蒋经国对共产党的态度，是否也影响了后来的国民党领导人？他们对蒋经国的政策有哪些继承和违背？

李振广：蒋经国对中国共产党的认识和他在晚年的行为影响了一批国民党人。蒋经国去世后，国民党领导人李登辉为了权力之争，一方面继承了蒋经国的开放政策，另一方面开始追求“两个中国”“一中一台”“台湾独立”。这实质上违背了蒋经国追求国家统一的政治遗志。直到最后，李登辉明确提出“两国论”，完全放弃了蒋经国先生追求国家统一的理想，成为一个名副其实的“台独”分裂分子。

不过，连战、马英九等国民党领导人在对待中国共产党的态度上有一个理性、客观的认识，而不被过去宣传的意识形态偏见所蒙蔽，有助于他们在两岸关系等重大问题上做出符合国家、民族利益的决策。这也是蒋经国给国民党留下的一份重要的政治遗产。（撰文：刘娜）

大陆保护蒋家故居和祖坟，令他深受感动：“共产党的情我领了”

蒋经国在台湾生活了近40年。前期在蒋介石的帮助下，他借助反共的大旗，在国民党中树立威信，并借此走向了权力核心。晚年，他促成了老兵回大陆探亲，为两岸关系解冻迈出了坚实的第一步。许多台湾主流媒体认为，虽然马英九主政以来，在两岸政策上有许多突破，但纵观历史，不论是海协会和海基会的交流，还是海峡两岸经济合作框架协议的签署，马英九都还是在延续蒋经国晚年的“开放政策”。

高调反共，进入权力核心

国民党败退台湾后，蒋介石的接班人问题开始受到关注。蒋经国虽然是蒋介石的长子，是唯一钦定的接班人，但他年纪轻、党龄少，而且曾加入过共产党，在当时台湾的影响力远远比不上宋美龄的“夫人派”。“夫人派”是一批由宋美龄提拔的、具有美国做派、能说流利英语的权力精英，主要有吴国祯、董显光和黄仁霖等人。“夫人派”的存在对蒋经国的地位构成了极大威胁。此外，蒋介石副手陈诚的影响力也在蒋经国之上，而且陈诚派系的人也有成为“蒋介石接班人”的企图。蒋介石为了培养蒋经国，帮他进入权力核心，可谓煞费苦心。

蒋介石认为，国民党在大陆的失败，首要的因素是党的失败。党失败的主因则是“三民主义信仰的动摇”，是国民党内部“分歧矛盾”所致。他到台湾后便对国民党进行改造，目的是坚定所有国民党员反共的决心与意志。于是他让蒋经国进入国民党“中央改造委员会”，负责“武装国民党员的精神意志、强化他们反共的力量，来稳定台湾的情势”。一时间，参与国民党的改造、宣传反共成了蒋经国的主要工作。

1952 年，国民党举行第七次代表大会时，蒋介石发表了一篇叫作“反共抗俄基本论”的文章。这篇文章是国民党在大败后，动员所有党员，坚定反共决心的一针强心剂。据国民党元老陶希圣后来在悼念蒋经国的文章中透露，《反共抗俄基本论》的主要起草人其实正是蒋经国。

同年，蒋经国出任“中国青年反共救国团主任”一职，主要任务是向青年学生灌输“反共意志”。蒋经国还利用职务之便扩大自己在青年人中的影响力。以至于后来，无论担任何种政府职务，他都一直兼任“中国青年反共救国团主任”，直到 1972 年当了“行政院院长”，才卸下这一职务。

蒋经国到台湾后，担任过许多职务，但台湾问题研究者认为，“中央改造委员”的身份对他后来的升迁最为关键。他在进入国民党中央后不久，迅速坐上第二把交椅，除了因为他是蒋介石的长子，还在于他高调反共，树立了个人威信。所以台湾人常说，蒋经国在台湾靠反共起家。

让台湾老兵回乡探亲

蒋经国与蒋介石一样，一生奉行“一个中国”立场。他在不同场合多次提到：“两岸是血脉同根。政治歧见难道一直能够让台湾海峡成为阻隔民族来往的鸿沟吗？重建一个自由、民主、统一的中国，既不是梦想，也不是幻想。”

但迫于两岸政治角力，他做出了一些符合国民党政治利益的决策。1979年，中美建交后，为了安抚党内和民众的情绪，蒋经国奉行“三不”政策，即与大陆“不接触、不谈判、不妥协”。此提法一出台，立即遭到海内外舆论的批评。人们要求蒋经国顺应时代发展，实行新的大陆政策。“开放老兵回大陆探亲”就成了突破口。

国民党败退台湾时，带来数十万大陆籍军人。随着年龄的增长，老兵们处于被排斥和孤立无援的境地。同时，台湾当局禁止退伍军人返乡。这些垂暮之年的老兵无法回归故土，不满情绪日益高涨。

20世纪80年代中期，蒋经国深切感到，再也无法以任何理由禁锢民众返乡探亲的愿望。他命令时任国民党中央秘书长的马树礼召集有关部门，研讨开放赴大陆探亲问题。马树礼最初的方案是让赴大陆探亲的人数尽可能少。蒋经国对此很不满意，安排幕僚马英九继续研究可行性方案。李焕受命出任国民党中央秘书长后，很快定出了相关方案。

当时国民党党内对开放到大陆探亲意见并不统一。李焕主张把开放探亲看作调整大陆政策的第一步，随之可以开放旅游、贸易、文化交流等。而国民党的保守势力则主张只开放探亲，不涉及其他领域大陆政策的调整，维持两岸的敌对状态。

蒋经国对李焕的方案深表赞同，并让其尽快落实。1987年10月15日，时任“内政部部长”的吴伯雄奉蒋经国令宣布台湾人士赴大陆探亲的具体办法，决定自11月2日起施行。如今，台湾同胞往返大陆的人数已由最初的千余人，达到每年500万人次。追根溯源，蒋经国审时度势顺应时代潮流，功不可没。

一盘让他感动的录像带

1987年，蒋经国次子蒋孝武的前妻汪长诗与其父汪德官从瑞士日内瓦去台湾探望病重的蒋经国。途经香港时，时任新华社香港分社台湾事务部部长的黄文放到宾馆探望，并托他们带一盘录像带给蒋经国。

对汪德官父女的到来，蒋经国非常感动，仍以“亲家公”和“儿媳”相待。汪德官瞅准时机，将黄文放所托的录像带亲手交与蒋经国，并说：“这是那边一位朋友托我带给您的。”

蒋经国知道这位老亲家与国共两边都有交情，马上让侍从退下，独自与汪德官父女一起播放观看。电视屏幕上，出现了一幕幕在蒋经国记忆中既熟悉又模糊的场景：秀美的浙江奉化溪口镇、蒋介石出生地玉泰盐铺及其成长时居住的地方丰镐房、蒋氏宗祠、蒋经国曾住过的洋房……白岩山上蒋经国祖母的墓地更是修葺一新。

看到这一切，蒋经国情绪非常激动。当屏幕上出现当地官员和民众纷纷向其祖母、母亲墓祭拜的镜头时，他的眼泪止不住流淌下来。看完录像带，蒋经国对汪德官父女动情地说：“共产党的情我领了！”

“可惜，经国死得太早了”

1988 年 1 月 13 日，蒋经国在午睡中突发胃肠道大出血，经抢救无效去世。中共中央发了唁电：“惊悉中国国民党主席蒋经国先生不幸逝世，深表哀悼，并向蒋经国先生的亲属表示诚挚的慰问。”蒋经国死后，台湾局势日益演变，邓小平曾感慨地说：“如果蒋经国还健在，中国的统一就不会像现在这样困难和复杂。国民党和共产党过去有过两次合作的经验。我不相信国共之间不会有第三次的合作。可惜，经国死得太早了。”［引自（美）陶涵（Jay Taylor）著《蒋经国传》，华文出版社，2016 年 1 月］

邓小平和蒋经国相识较早，彼此有一定了解。1926 年 1 月，邓小平从法国巴黎到苏联，与蒋经国同在莫斯科中山大学学习，但两人不在一个班。邓小平在当时被称为“理论家班”的中大第七班。只有上大课时，邓小平才会遇到蒋经国，两人经常并肩坐在一起听课。邓小平任中国共产主义青年团的小组长，管理 20 多人，负责评估团里所有成员的意识形态和表现。蒋经国是这个小组的成员。可惜，历史学者至今没有找到邓小平对蒋经国的评语报告。

邓小平比蒋经国大六岁，但因为个头矮，排队时经常与年龄最小的蒋经国挨着站在一起。一次，蒋经国问邓小平：“你干吗老是围个围巾，热也围、冷也围？”邓小平告诉他，在法国留学的中国学生常去当清洁工，法国的清洁工都围这么一条围巾。经历艰难磨炼的邓小平以干过清洁工为自豪：“这是在巴黎留下的习惯，不围反而怪怪的。”

蒋经国经常邀邓小平一起去莫斯科河边散步，并向他了解在巴黎的情况。每当邓小平聊起在法国勤工俭学和参加中共旅欧支部的经历时，蒋经国都听得津津有味，并盛情邀请邓小平为墙报《红墙》写稿。邓小平正想找机会谈一下在巴黎的心得体会，于是便连着写了几篇文章，交给蒋经国发表，效果非常好。邓小平的文章言简意赅，观点鲜明，蒋经国非常欣赏，常放在头条位置。

在莫斯科留学时，蒋经国把邓小平看成“大哥”和“学长”。当邓小平与国民党右派同学谷正鼎和谷正纲等人辩论时，蒋经国往往站在邓小平一边，国民党右派同学为此十分恼怒。

1927年，邓小平离开苏联回国，两人就再也没见过面。后来，两人分别成为国共两党的中坚力量。这两位昔日的同学，一直在海峡两岸关注着对方。

1976年9月毛泽东逝世后，蒋经国对“美国驻台湾大使”安克志预言，邓小平极有可能复出，因为大陆主流媒体一致抨击邓小平，显然是党内某些当权者（“四人帮”）忌惮他这位昔日同学东山再起的潜力。安克志将信将疑，结果四个星期后，“四人帮”被粉碎，邓小平回到北京。

1978年，蒋经国当选“中华民国总统”。同年，邓小平复出后全面主持工作，蒋经国为此召开了一次紧急高级情报首长会议。与会者都认为，邓小平比毛泽东温和，两岸关系将趋于缓和。蒋经国在听完大家的发言后表示：“你们的评估都太乐观，因为你们不认识邓小平，但我认识他，我们在苏联一起学习过，他其实比毛泽东更为厉害，未来两岸的情势将比你们想

蒋经国

象更为复杂。”

当年 12 月，解放军停止了自 1958 年开始的对金门、马祖的炮击政策，国民党军队也停止反炮击。1979 年元旦，全国人大常委会发表《告台湾同胞书》，提议两岸开放经贸、旅行和通邮。廖承志也发表了致蒋经国的一封公开信，提议国共第三次合作，并表示愿意访问台湾。

对邓小平的这一波“和平攻势”，蒋经国的反应敏锐而谨慎。在当时“三不”占据主流的政策环境下，他一方面谢绝廖承志的来访，与大陆保持一定距离；但另一方面又认为：北京现在热切鼓励两岸之间扩大经济、社会、文化交流，从长远来看，对台湾必然是利大于弊。出于这样的考虑，才有了后来的开放民众到大陆探亲的政策，为缓和两岸关系迈出了历史性的步伐。（撰文：萧师言）

附录：一言难尽蒋经国

抉择中懂得“识时务”

1910 年 4 月 27 日，出生于浙江奉化。蒋介石长子。字建丰，谱名经国。在台湾“行政院院长”任内推动经济建设，使台湾成为“亚洲四小龙”之一。

1988 年 1 月 13 日，蒋经国在台北辞世。与父亲蒋介石逝世后媒体铺天盖地的悼念相比，他的离世显得相当朴素。

尽管在很多人眼中，蒋经国仍显得陌生，人们对他的评述总是一言难尽，但随着时间的流逝，蒋经国的历史地位越来越清晰。今天的中国人对蒋氏父子有了更平实的态度。这正应了蒋经国生前挂在嘴边的一句话“时代在变，环境在变，潮流也在变”。

当然，由于他们父子二人在大陆影响的不同，人们的评价也有所不同。对“老蒋”（蒋介石），人们更着眼于大历史，将其与孙中山、毛泽东等相比较；对“小蒋”，人们更多地看他如何“突破家世、出身、教育、历练乃至意识形态的局限，务实对应变局，进而开创新局”（马英九语）。蒋经国百转千回的人生，他在关键时刻做出的选择，对于今天的我们仍有深刻启发。

1925 年，15 岁的蒋经国去苏联留学。此前不久，这个刚在上海升入中学的热血少年，带领着同学参加群众游行示威活动。蒋介石面对以“进步的革命党人”自居的儿子，决定先把他送到北京，置于吴稚晖的管教之下。但是，共产主义的萌芽已经深种于蒋经国心中。没多久，他向吴稚晖提出留学苏联的想法，日后成为坚定反共分子的吴稚晖当时只是笑着表示，“你去试试也好”。

当蒋经国诚惶诚恐地将这个意图禀告父亲时，蒋介石直斥其“朽木不可雕也”。1923 年，蒋介石曾到苏联考察过，他的结论是共产主义学说不适合中国国情。然而，他最终还是允许蒋经国留学了。

在莫斯科的中山大学，蒋经国变成了尼古拉·维拉迪米洛维奇·伊利扎洛夫同志，是学校里的积极分子，坚定地支持苏联左翼领袖托洛茨基。在学校里，蒋经国和邓小平是同学。

1927 年，中国国内国共开始分道扬镳，共产党员被追捕杀害。在斯大林公开表示要把蒋介石和国民党右派“像柠檬一样挤干、丢弃”之后，内心彷徨的蒋经国终于在一次会议中走上讲台，宣称“不是以蒋介石儿子身份发言，而是以共青团之子的身份讲话”，谴责父亲是“叛徒、杀人凶手”。几天后，苏联《消息报》又刊登了一篇题为“父与子”的文章，摘录了蒋经国的一封公开信：“现在我要说，革命是我所知道的唯一要务，今后我不再认你（蒋介石）为父。”然而，在日记和其他任何文件中，蒋介石对此事绝口未提。

与此同时，在苏共内部，斯大林与托洛茨基的斗争日益白热化。在托洛茨基被开除出党、放逐中亚之前，共产国际的代表找蒋经国谈话，劝告他放弃亲托洛茨基的活动和信念。结果是，蒋经国“突然放弃了托洛茨基运动”。

就是说，在1927年一年之中，蒋经国面临亲情与信念、理想与现实之间的两次重大抉择，而他最终做出的决定，反映了他性格当中“识时务”的一面。美国传记作者陶涵认为：“这是他一生之中，直觉务实、克服情感和智性理想的第一个实例。这个经验让他体会到生命的复杂和无常。此后一生，经验判断左右他对直觉目标的追求。行动必须以坚实的理智为基础，不能全凭情感或政治承诺作定夺。”

死后名下没有一处房产

作为政治领袖的儿子，蒋经国的命运注定被政治缠绕。20世纪30年代，随着国共两党再次构建合作，关于他是否回国的问题被摆上了台面。事实上，在国共反目期间，周恩来曾数次与蒋经国见面。在肯定蒋经国批判父亲的行为同时，他鼓励蒋经国给蒋介石写信。显然，周恩来预见到国共再次合作的可能，并认为蒋经国将是第二次国共合作的关键人物。

在1935年至1936年底那段局势混沌不明的日子里，蒋经国数次被斯大林召见，两人共进晚餐，“喝浓汤，吃荞麦面包”。年轻的蒋经国依然是一个笃信共产主义的革命者。

1936年12月12日，西安事变爆发，以这次事件为契机，国共两党建立起抗日统一战线。1937年，蒋经国带着妻子蒋方良和长子孝文抵达杭州，回到了阔别12年的祖国。

蒋介石并未急于见这个离散多年的儿子。回国后的蒋经国先是拜访陈立夫和吴稚晖。吴稚晖像对待一个“回头浪子”一般，平静地问蒋经国："你尝试的经历怎么样？"

父子终于见面之时，据说，杭州国民政府主席别馆的大门一关上，蒋经国便扑通跪下，向父亲三叩首。令老蒋不安的是，蒋经国的中文荒废多时，对民族文化缺乏了解。在接下来的相当长时间，蒋经国回到浙江老家，听从父亲教诲恶补功课。这对他来说，既是向理性低头，也是让共产理想回到中国传统中寻找认同。

曾经在戴笠手下担任要职的文强回忆说，那时，他奉命每月找蒋经国谈话一次。当时，蒋经国受共产主义影响至深，经常用"大资产阶级"来称呼他的亲戚宋子文等人。文强经常要劝诫蒋经国放弃"左派"语言。

回国后的蒋经国，逐步成为父亲的左膀右臂。蒋介石一生从未信任过任何人，只有夫人宋美龄与儿子蒋经国例外。

年轻时的共产主义理想、留苏12年的经历、父亲的教诲，影响了蒋经国一生。日后他以苏联式的组织培训机制，改革国民党干部体系；经济上的决策也带着浓重的苏联色彩。"左派"气质一直伴随蒋经国。和他那位矜持严肃、生活奢华的父亲不同，蒋经国终日挂着笑脸，乃至在出任要职后仍被父亲告诫要"自恃"。他一生节俭，极度清廉，在他逝世之后，名下没有一处房产。

1972年，蒋经国出任台湾"行政院院长"，一上任就简化官僚作风，开会限定在40分钟内，"别人一啰唆，他就扳弄手指头或合掌抚脸表示不耐烦"。他还公布了公务员"十诫"，严惩贪污。他表示，克服官僚作风的唯一办法是公开化，于是决定除了国防、外交经费之外，政府预算一概公开。

时代洪流沛然而至，蒋经国选择顺势而行。但实际上，环境变化只是外部因素，最主要的，是蒋经国的革命理想，跟中国人的修身齐家传统相统一了。国民党元老于右任赠言蒋经国：计利当计天下利，求名当求万世名——这是蒋经国变革的动机，也是他的胸怀。（撰文：余世存）

探秘溪口蒋氏百年兴衰

位于浙江宁波的奉化市溪口镇，是蒋介石的故乡。1949 年，蒋介石父子败逃台湾，从此无缘回乡。

据蒋经国日记记载，1949 年 4 月 24 日下午，蒋经国的妻子蒋方良，带着儿子蒋孝文、蒋孝武、蒋孝勇和女儿蒋孝章，离开溪口，在宁波登船，先行赶往台湾。蒋介石、蒋经国父子，则于 4 月 25 日下午 3 时拜别祖堂，其后辗转于上海、福建、广东、四川等地，于 12 月 10 日下午 2 时飞离成都，下午 6 时 30 分抵达台北。从此，他们只能隔着海峡，遥望故土。

然而，两岸几十年的紧张对峙、相互隔绝，消不去蒋介石后人对故乡的思念。1993 年，时隔 44 年后，蒋氏后人终于踏上了故乡的热土。16 年来，蒋介石的儿媳丘如雪（蒋纬国的妻子），孙子蒋孝勇（蒋经国和蒋方良的儿子）、蒋孝刚（蒋纬国和丘如雪的儿子）、蒋孝严（蒋经国和章亚若的儿子），曾孙蒋友柏、蒋友常、蒋友青、蒋友梅等，纷纷回到溪口，祭祖扫墓。他们带着蒋介石、蒋经国落叶归根的遗愿，以及蒋纬国“回家看看”的渴望，在祖居内、墓道上、宗祠里，跪拜先人，泪洒故乡。

笔者在溪口和台北等地采访时，感受到了蒋介石后人对故乡的眷恋，以及在他们身上传承的中华民族传统文化的浓重气息。

20 世纪 80 年代，蒋经国三代同堂的合影。前排是蒋经国、蒋方良和孙子、孙女，后排是蒋孝武（中）、蒋孝勇（右）和妻子方智怡（左）

蒋介石两个儿子："做梦都想回大陆"

"何时再得归哟！"蒋介石兵败逃离溪口时，曾含泪喃喃自语。然而，他和他的两个儿子蒋经国、蒋纬国，再也没能回到故土。他们落叶归根的遗愿，至今仍未变为现实。

蒋经国：想葬在母亲身边

蒋经国人生的大部分时光，都是在大陆度过的。儿时的蒋经国，曾在出生地溪口与母亲毛福梅相依为命。那里给他留下了生命中最初、最美好、最温暖的记忆。当上台湾地区领导人后，他曾多次在公开场合回忆在溪口的温馨生活。

1949年，客居台湾、极度苦闷的蒋经国在日记中写道："昨晚夜色澄朗，在住宅前静坐观赏。海天无际，白云苍狗，变幻无常，遥念故乡，深感流亡之苦。"有分析指出，蒋经国对故乡的思念和眷恋，是全球华人共有的特质。而这种特质，往往会反映到政治决策上。他曾说："两岸毕竟是血脉同根，政治歧见，难道一直能让台湾海峡成为阻隔民族来往的鸿沟吗？"为此，他多次派密使前往大陆，谈论两岸统一问题。

"文革"结束后，大陆官方重修在"文革"中遭到破坏的蒋家祖坟和故居，并加以妥善保护。蒋经国从电视屏幕上看到大陆官方祭祀其祖母和母亲的镜头时，眼泪止不住流了出来。他感慨道："溪口丰镐房灯火阑珊，念亲恩，思故乡……"

蒋经国任台湾地区领导人期间，曾长期奉行"不接触、不谈判、不妥协"的两岸政策。但最终，乡情战胜了"三不"。1987年3月初的一天，他问一位亲信幕僚："唐诗有句描写离家很久的人回乡时心情的诗，你记得吗？"幕僚答："少小离家老大回，乡音无改鬓毛衰。"蒋经国深有感触地说："这正是老兵们的心情，你们去好好研究，尽快实施开放大陆的办法。"不久，他在病榻上顶着党内保守势力的压力，决定从1987年11月2日起，准许并接受国民党老兵和一些在大陆有亲人的民众回大陆探亲，打破两岸38年相互隔离的坚冰。

但由于坚持"三民主义统一中国"这一不切实际的信念，蒋经国无法改变两岸分治的局面。直到1988年去世，他也没能再踏上祖国大陆的土地。在弥留之际，他留下遗愿，想要归葬大陆，葬在母亲身旁。

蒋纬国：与家乡"擦肩而过"

蒋经国的弟弟蒋纬国，同样也对祖国大陆魂牵梦萦。"纬国先生想回大陆看看"，在台湾是广为人知的事。

生前，蒋纬国多次在公开场合表达想回大陆访问的心愿。曾有台湾记者问他："将军，连你都想回大陆？"他当即答道："我是中国人！我做梦都想回大陆！我想大陆都想疯了！"言毕，已是热泪盈眶，哽咽难语。

随着年纪的增长，蒋纬国的思乡情越来越强烈。他常对人说，每当听到"江山依旧，人事已非，只剩古月照今尘"这段歌词时，他都会忍不住掉眼泪，因为他想回大陆，想回家乡看看那里的一草一木。

少年时代，蒋纬国曾与义母姚冶诚在苏州生活，并在苏州东吴大学就读。晚年，他常向友人表达自己对苏州的思念。1992 年 1 月，他在写给昔日同窗程金冠的信中说："一峡之隔，竟成海天之遥；岁月悠悠，吾于母校同窗之旧时往事与校园情景，依然依稀记得，恍如在目……但愿苍天佑我中华，早日统一，来年将能与诸友齐集母校同庆往后之校庆，并倾积愫……"

因身份特殊，蒋纬国不能回乡祭亲。1994 年四五月间，他的密友吴神农回大陆探亲。行前，吴神农去见了已是 78 岁高龄的蒋纬国，说探亲期间想去溪口看看蒋家故居。蒋纬国微笑颔首："好啊！那你帮我到我祖母坟上祭祀一下，献个花！"此后，他时常会拿起吴神农带回来的照片，一张一张地仔细翻看，并总是盯着照片发呆，眼神里透出难以言表的哀伤。

事实上，蒋纬国有过一次重回大陆的机会。1993 年 9 月初，他应美国侨界、文教界团体的邀请，前往洛杉矶参加"中国当前统一问题之探讨"学术研讨会。会后，他悄悄飞到俄罗斯，准备转赴大陆，实现多年的归乡夙愿。不料，此事被台湾媒体公开披露，他只好作罢，折返美国。

在梦里才能回到故乡——这样的无奈和遗憾，从 1949 年开始陪伴蒋纬国，直到他 1997 年因病去世。（撰文：王敏）

蒋氏后人的故乡情

蒋纬国"做梦都想回大陆"，蒋孝严泪洒溪口，蒋友柏的公司在大陆

“遍地开花”……当年败退到台湾的蒋介石，也许不曾料到，其子孙对大陆的思念会如此强烈。

蒋氏后人何以情牵大陆？专家认为，原因主要有三。

首先，源于他们“一个中国”的政治理念。这不仅是蒋介石本人所坚守的原则，更是绝大部分台湾民众的共同意愿。自 1949 年 12 月，国民党政权败退台湾以来，包括蒋介石在内的绝大多数国民党人，都坚守“一个中国”“反共不反中”的立场。正因如此，蒋介石对任何企图搞“一中一台”“两个中国”的阴谋都严厉对待。蒋家后人也谨奉蒋介石生前的主张。蒋经国于 1987 年采取新的大陆政策，台湾岛内由此出现了一股史无前例的“探亲潮”，蒋氏后人正是在这一背景下纷纷踏上返乡之旅的。

其次，源于两岸政治氛围的转变，以及大陆与台湾越来越密不可分的经济和文化往来。对蒋介石父子来说，思乡心切，使得他们时时都盼望能回到家乡，这不难理解。而对蒋家第三、第四代人来说，他们长期远离大陆，为何也对大陆充满感情？这与中华民族的传统文化和当前的两岸关系都大有关系。蒋介石的“反攻大陆”和蒋经国的“三民主义统一中国”，早已被埋进了故纸堆；李登辉和陈水扁鼓吹、推动的“台独”，也已随着马英九出任台湾地区领导人而遭到挫败。在这样的情势下，“和解”已成为台海两岸最主要的潮流，每个蒋家人都希望能在两岸和解的大潮中，既能重返故乡、认祖归宗，又能再出成就，为曾经显赫一时的“蒋氏”冠以新的历史价值。

最后，源于溪口蒋氏家族对中华文化，尤其是对安土重迁、落叶归根等观念的传承。蒋介石一生深受儒家思想熏陶，乡土观念浓厚，余生虽败退台湾，但也期盼能够叶落归根。台湾人都知道，当年蒋介石去世时，台当局曾围绕两个安葬方案——落土、浮厝（即用砖石将棺木围砌于地上，暂不入土归葬）展开讨论。当时，讲究风水的人都建议蒋经国让父亲“落土为安”，理由是“落土”可保蒋经国运势连绵、蒋家历久不衰。但蒋经国不为所动，坚称父亲的心愿就是回到大陆，若是“落土为安”，就是违逆父意。后来，蒋经国和宋美龄去世后也都未落土。蒋家这几位关键人物不肯落土，都是出于一个未曾公开的理由——希望有一天能够迁回家乡，回归故土、叶落归根。

“一个中国”、反对“台独”的政治理念、两岸政治氛围的好转、“叶落归根”的传统观念，其中哪一点不是中华儿女坚守和期盼的？！毋庸置疑，蒋家后人回大陆的步伐既已迈开，会有更多的后来者，跟着这个潮流走下去。（撰文：萧师言　邢婷）

蒋介石孙辈：历尽乡愁，泪洒故土

“那是 1993 年 8 月 4 日。”如今，溪口台胞服务中心（前身为台胞接待站）主任胡华青，对蒋介石后人第一次回溪口老家的日子，仍能脱口而出。那一天，溪口百姓扶老携幼，望眼欲穿地站在镇口，等着蒋介石后人的到来。此时，距离蒋介石一家离开大陆，已整整 44 年。

徐乃锦：代丈夫蒋孝文回乡探路

在蒋介石的直系后代中，首次回溪口的使命，落在蒋介石长孙蒋孝文的妻子徐乃锦肩上。徐乃锦出身名门，祖父是清末革命烈士徐锡麟。婚后，蒋孝文从政，徐乃锦则一直从事社会工作。1988 年，蒋经国去世。第二年，蒋孝文因患咽喉癌，也带着对故乡的深深思念撒手人寰。身为蒋介石长孙媳妇的徐乃锦，自此成为蒋家对外的代表。

此时，随着两岸关系逐渐得到改善，蒋介石后人回溪口故乡祭祖扫墓的愿望越发强烈。经过几年谨慎的周旋，蒋家征得台湾当局的同意后，决定由徐乃锦带着女儿蒋友梅，起程去大陆“探路”。出发前，徐乃锦来到蒋纬国家里，问叔叔有什么交代。蒋纬国亲自为她们安排了行程，并说：“这次你们先去看看，我以后去。”

1993年8月4日上午，溪口，当人们看到徐乃锦走来时，掌声雷动，不少人流下了热泪。他们簇拥着母女俩，先来到蒋介石父母、妹妹、原配夫人、哥哥等人的坟前扫墓，接着参观玉泰盐铺、丰镐房、小洋房等蒋家故居，继而游览了雪窦寺、妙高台、千丈岩等风景名胜。

在千丈岩岩顶的栖云亭，导游介绍说，这是蒋介石和长孙蒋孝文经常下棋的地方。导游话音刚落，徐乃锦就对女儿说："一定把这里拍下来，这里有你爸爸成长的足迹。"之后，徐乃锦按照溪口的风俗，在丰镐房里摆了一桌"七月半羹饭"祭祖。

徐乃锦在溪口只逗留了一天，没过夜就返回了奉化市。当时的奉化市市长钱志辉，会见并款待了徐乃锦母女，席间还赠送了一些奉化土特产，有"琼浆玉露"水蜜桃、金银绣花坐垫等。徐乃锦感动不已，特意叮嘱女儿："这对绣花坐垫是奉化市市长送的，带回去送给祖母（指蒋经国遗孀蒋方良）。"临别时，她又对钱市长说："请一定把（此行的）照片寄给我。"

方智怡：为蒋孝勇充当"试探气球"

徐乃锦的溪口之行，受到了一位特殊人物的高度关注。他就是蒋孝文远在美国的三弟蒋孝勇。

蒋经国去世后，蒋孝勇在台湾政商两界都受到排挤，于是举家避居加拿大，后又迁往美国。其间，随着李登辉不断暴露出"台独"真面目，蒋孝勇对台湾的现状更加不满，回大陆故乡的念头也更加强烈。

1995年4月的一天，妻子方智怡告诉蒋孝勇，她想随同父母到大陆访问游览。蒋孝勇立即表示赞同，并要她公开抛头露面，"我是让你打前站，以后我也要去。这次你以我妻子的名义前去，本身就是在放一只试探气球，说穿了，就是看看台湾一些与我过不去的人，会利用这件事情做什么样的文章"。

1995年5月17日，方智怡与父母抵达北京。日后，她回忆说："我们一起游玩了长城、故宫、天安门等，虽然这些地方以前在书本、杂志上也见过，但总觉得隔了一层，哪有真真切切站在大地上的感觉好。中华民族历史悠久，真是伟大啊！”在大陆期间，她还把自己在故宫内和长城上拍的照片，寄给了远在北美的蒋孝勇。

很快，香港媒体对蒋介石第三个孙媳到访北京的事，做了公开报道："这是她（方智怡）首次回祖国大陆观光……方智怡对北京记者表示，来到北京后感觉良好，令她心情舒畅。"

看到海内外对方智怡此行表示赞许，蒋孝勇知道，“试探”行动成功了。

蒋孝勇：身患绝症祭祖坟

1996年的一个普通夏日，溪口蒋氏故居丰镐房里，一行游客引起了工作人员的注意。这家人自称来自台湾，但身为父亲的中年男子却能说一口地道的溪口方言。听导游向游客介绍蒋介石及其家人的种种典故时，这名男子竟能随口对妻儿补充许多生动的细节。当看到二楼展厅里许多蒋介石和家人的旧照片时，他热泪盈眶，带领全家向照片低头致意。

一位年纪稍大的工作人员见状，心头顿生疑窦。他看看墙上的照片，又看看这名中年男子。当这家人转身离去时，他兴奋地指着墙上的一张照片说道："前面的客人，就是照片上的这个人。"

“照片上的这个人”，就是蒋孝勇。此番到大陆时，他已身患食道癌，希望得到北京名医的治疗。经过中医专家的诊治、调理，他的体力得到了一定程度的恢复。然而，疗程还未结束，他就迫不及待地决定：携全家访问故乡溪口，了却多年的心愿。

为避免暴露行程，蒋孝勇一家分坐两架飞机——他和长子蒋友柏先期出发，妻子方智怡和次子蒋友常、幼子蒋友青随后抵达。1996年8月2日，全家人在宁波会合，随后驱车直奔溪口。他们像其他游客一样，每人花30元买一套旅游联票，然后开始若无其事地“参观”。

蒋孝勇决定先去祭拜曾祖母王采玉。从山脚写有“蒋母墓道”的青石牌楼到山上的墓道，有600多米的石阶。蒋友柏、蒋友常兄弟，扶着身材瘦削的父亲拾级而上。一些轿夫见状，蜂拥前来招揽生意："到上头很高的，你坐轿子上去吧，20 元。"蒋孝勇摇头谢绝，并感慨地对两个儿子说："这回乡的路，这认祖的路，40 多年了才有机会走第一遭，得自己一步一步地走上去啊。"经过半个小时的走走停停，蒋孝勇终于喘着粗气到了曾祖母的墓前。

就在这一年年底，蒋孝勇永远地闭上了双眼。去世之前，他动情地告诉妻儿："蒋家人是中国人！"

"孝勇回去不久，就离我们而去，这次只好由我一人来走这段回乡之路、认祖之路了。"2005 年 10 月 13 日，方智怡跟随台北浙江同乡会参访团，再次回到溪口。在曾祖母墓前，她伤感地含泪说："我们在外面都很平安，请老人家放心！"

目前，方智怡任国民党中常委，是蒋家在政坛上最有建树的女性。她最近一次到溪口，是在 2009 年 10 月 25 日，陪着自己 88 岁高龄的母亲参加溪口雪窦山弥勒文化节。不管有多忙，她都愿意将丈夫对故乡的牵挂持续下去。她说："溪口是我的故乡，我自然会再来。""我愿做溪口风景区的代言人，向外面宣传家乡的溪口风光。"

蒋孝刚：溪口赏梅寄情思

就在蒋孝勇一家访问故里后不久，1996 年 10 月 25 日，蒋纬国的夫人丘如雪（原名邱爱伦）和儿子蒋孝刚（蒋氏家族"孝"字辈中年龄最小的一位），也回到了家乡。

在溪口当地有关部门协助下，蒋孝刚和母亲祭扫了曾祖母王采玉和祖母毛福梅的墓，并参观了丰镐房、小洋房、妙高台等景点。返回台湾时，母子二人还带上了家乡名产奉化芋艿头。已是 80 岁高龄的蒋纬国看到家乡特产时，激动得眼含泪花，连声说："好！""难得！"

2005 年 3 月 15 日，丘如雪第二次来到溪口祭祖扫墓。年近古稀的她，谢绝服务人员提出的乘轿上山的建议，步履轻健地徒步登山。在丰镐房里，

2003年7月8日，蒋友柏之女蒋得曦出生，蒋家有了第五代。8月8日，方智怡（左二）带着长子蒋友柏（右二）、儿媳林恒怡（右三）、次子蒋友常（右一）、幼子蒋友青（左一）及孙女蒋得曦，在国民党中央党部办满月酒

她看着蒋家世系图说："这张图还要补充新的一代，现在，友梅、友松、友柏也已经有了孩子。还有孝严的女儿蕙筠最近也产子了。这样算来，我的孙辈也有四个了。"

蒋纬国生前对梅花有着十分浓郁的情结，曾是台湾梅花学会的会长。他赞扬梅花"耐得寒霜、贞洁高雅之特质，以及吾中国人行健不息"之精神。丘如雪此次到溪口后，同行的台湾好友说，溪口山清水秀，风光旖旎，可以选一块宝地，种上梅花。丘如雪欣然答应。2006年2月10日，民革奉化市委向丘如雪、蒋孝刚等人发出邀请，请他们到溪口观赏首度绽放的梅花。八天后，母子二人便专程回到了家乡。

南京大学民国史研究中心溪口研究所研究员王舜祁，参加了那次赏梅活动。他回忆说，当时，45岁的蒋孝刚身穿藏青色羊绒大衣，文质彬彬。丘如雪则身着棕黄色大衣，肩挎黑色皮包，气质典雅。蒋孝刚拉着母亲的手，缓步走进种有520株梅花的谷地。置身梅花丛中，看疏枝缀玉，闻浮动暗香，母子俩轻轻哼起蒋纬国生前最爱的一首称赞梅花的歌曲来……

赏梅结束后，母子二人来到丰镐房，随后在蒋氏宗祠拜祭先祖。关于第三次溪口之行，丘如雪说："我爱宁波，我爱家乡，也要让孝刚不忘记家乡，这次孝刚能一起来，我尤其高兴！"

蒋孝严：归宗路走了60年

在人生的前63年，章孝严、章孝慈这对双胞胎兄弟，都是"蒋家门外的孩子"。这对出生在广西桂林的双胞胎兄弟，是蒋经国与其专职秘书章亚若在乱世中的爱情结晶。1942年8月，章亚若生下两个儿子后不久，猝然去世。此后，两兄弟由外婆抚养，阅尽苦难。对他们而言，蒋家是自己一生都渴望踏入却又无力叩开的厚厚的大门。

1989年夏，章孝严、章孝慈兄弟，委托台湾《联合时报》的记者和摄影师来到溪口，征询大陆蒋氏族人对他们认祖归宗之事的意见。当时负责管理蒋氏族人有关事务的蒋中伟告诉笔者："溪口蒋姓都认为，孝严、孝慈的宗嗣地位毋庸置疑，只要他们有意愿，我们愿意协助他们恢复蒋姓，进入谱牒。"章孝严、章孝慈兄弟对大陆方面肯定而热情的答复，十分感动，随即开始商讨回乡的具体细节。

1993年9月，辞去台湾"国大代表"及国民党中央委员等职务的章孝慈，以学者身份回到大陆，赶往桂林为母亲扫墓。当时仍在台当局任职的章孝严，因身份问题不能一同前来，但在胞弟为母亲扫墓时，他带着子女在台湾家中母亲的遗像前长跪祭拜。

1996年3月，章孝慈病逝于台北。从那以后，认祖归宗的重任，就落到了章孝严一个人的身上。

2000年8月23日，已辞去公职的章孝严，终于踏上了认祖之路。与他同行的，不仅有他的妻子黄美伦和二女一子，还有孝慈的遗孀赵申德和儿子、儿媳、女儿等人。次日清晨，天下着大雨。章孝严一行九人前往丰镐房祭祖。在先人的牌位前，他动情地诵读了自己花三四天时间撰写的祭文。当念到“孝慈与我，隔海相将；恩深情切，孺慕难忘。孝慈往矣，折翼断肠；今与家人，九人同行”时，他不禁哽咽难语。诵读结束后，伴随着司仪的口令，章孝严“向蒋氏列祖列宗牌位行三叩礼”。司仪宣布“礼成”后，他再次鞠躬，眼泪夺眶而出。他颤声道：“从现在开始，我可以说自己是蒋家的子孙了！”

结束溪口之行后，章孝严等九人途经上海转飞桂林。他带着妻子儿女，来到母亲的墓前，告诉母亲自己已前往蒋家祠堂祭祖。说到这里，他失声痛哭：“妈，我这一路走得真的好辛苦！”

历经一系列复杂的程序后，2003 年 7 月 29 日，章孝严正式将自己的名字改为“蒋孝严”。为此，他特地回到溪口，祭告祖宗。2005 年 4 月 7 日，蒋孝严夫妇第三次来到溪口。在祭祖仪式中，他看到，蒋家世系图上，其父“经国”的名下，已经加上了他和弟弟孝慈的名字。他仔细地看了一会儿，然后低下头，用手绢擦拭满眼泪花。

此后，蒋孝严又两次来到溪口——2008 年 11 月 7 日，他应邀参加在奉化举办的“海峡两岸弥勒文化研讨会”；2009 年 8 月，在杭州出席第三届两岸发展研讨会后，蒋孝严再次到溪口祭祖。接受大陆媒体采访时，他郑重地表示，他愿意为自己的家乡溪口做代言。（撰文：萧师言　邢婷）

探秘溪口蒋氏百年兴衰

溪口，是一个浓缩中国近现代史百年风云的地理标识。在中华人民共和国建国 60 周年之时，金秋时节，笔者从浙江宁波市下辖的县级市奉化出发，乘车沿奉（化）新（昌）公路向西北方向前行 22 公里，来到溪口镇。

寻访蒋介石故里

剡（音同善）溪穿越溪口镇，武山（又名武岭）挺立于东侧。小镇、溪水、山石，组成了一派典型的江南风光。

三里长街是溪口最热闹的地方，蒋家故居几乎都集中在这里。自东向西而行，首先看到的是文昌阁。这栋两层的殿宇式楼房，曾是蒋介石回乡小住时的私人别墅和藏书楼。文昌阁东侧的两层洋楼，当地人称为“小洋房”。1937 年，蒋经国从苏联回来后，全家人就在此居住。他为在日机轰炸中遇难的母亲——蒋介石原配夫人毛福梅手书的“以血洗血”石碑，就存放在小洋房里。

蒋氏宗祠由新老两座祠堂组成。老祠堂建于清朝康熙年间，新祠堂则是 20 世纪 30 年代由蒋介石亲自主持修建的，他还为其题写了“忠孝传家”的牌匾。如今，溪口蒋氏的节日祭祖、红白喜事和各种庆典，都在这里举行。

位于三里长街中段的丰镐房，是蒋介石家的祖屋。其大门对面，有一座形如笔架的山，得名笔架山。当年，这里曾流行“对着笔架山，代代儿孙会做官”的说法。因此，迷信风水的蒋介石在翻修丰镐房时，对大门不敢有丝毫改动。蒋介石、蒋经国两代人的婚礼，都是在丰镐房里举行的。后来，这里成为蒋介石原配夫人毛福梅的住所。

丰镐房旁边的玉泰盐铺，是蒋介石的出生处。咸丰年间，蒋介石的祖父蒋玉表弃农从商，开设玉泰盐铺，“家道以之渐亨”。蒋介石的父亲蒋肃庵也颇有生意头脑，他子承父业，使玉泰盐铺的生意一直很红火。

离开三里长街后，笔者来到摩诃殿。据《武岭蒋氏宗谱》介绍，溪口蒋氏的一世祖名叫蒋光，原本住在江苏宜兴，五代十国时为避战火而迁居宁波。后来，二世祖蒋宗霸迁到奉化，在此扎根，繁衍生息。后世子孙为纪念二世祖，修建了摩诃殿。毛福梅去世后，就被安葬在摩诃殿旁边。

蒋介石母亲王采玉的墓地，位于溪口镇外一公里处的白岩山上，附近有著名景点雪窦寺、妙高台、千丈岩。如今，它已成为蒋介石后人回乡时重要的拜祭、追思之地。

蒋家王朝的后花园

“溪口是统治中国22年的蒋家王朝的后花园。蒋介石三次下野后，都回到溪口。很多重要的决定从这里发出，不少重要的会议在这里召开。溪口小镇因此与民国史有了很多联系，对民国史产生了很大影响。”南京大学民国史研究中心主任张宪文教授告诉笔者。

1927年8月13日，在国民党内遭到围攻的蒋介石第一次下野，避居溪口。曾在丰镐房做过8年总账房的唐瑞福生前曾回忆说，当时，蒋介石住在山上的雪窦寺里，吃的鲜货如大黄鱼、蚶子、蛏子、鲜鳗、河鲫鱼等，均由他采购。每天送货时，他都能看到许多国民党军政要员，从溪口坐轿上山去见蒋介石，有时一天内竟有100人之多。蒋介石应接不暇，只好于1927年8月27日，在上海《申报》上刊登“谢绝来访”的启事：“中正辞职以来，辱荷各同志、各团体函电纷驰……恕失款接。”溪口的名声就此一炮打响，有了“民国第一镇”之称。

1931年11月22日，国民党内派系之争加剧，加上蒋介石“攘外必先安内”的言论激起全国反对，他被迫第二次下野，返回溪口。不久，日军侵占东北，中国时局日益严峻。国民党中常委召开紧急会议，决定请蒋介石重返南京，主持大局。一时间，大人物纷纷云集溪口当说客。次年1月13日，蒋介石离开溪口，结束了40余天的蛰居生活。

1949年1月22日，在解放军如潮的攻势下，国民党军队节节败退。迫于各方压力，蒋介石被迫第三次下野。但他在溪口架设了两部电台，遥控南京国民政府，指挥战事。

然而，第三次蛰居家乡，并未为蒋介石换来转机。1949年清明节，他带领蒋经国夫妇和孙儿孙女，到母亲的墓前祭拜。也许是意识到大势已去，他涕泪横流地嘱咐儿孙“多磕几个头”。见蒋经国的妻子蒋方良只鞠了一躬，他大为光火，怒斥“俄国人（蒋方良是俄罗斯人）不懂礼节”。随后，蒋介石又去祭扫了父亲的墓。4 月 21 日，解放军以雷霆之势横渡长江。四天后，蒋介石带着家人，黯然登上离乡的渡船。

毛泽东下令保护蒋宅

早在 1949 年 5 月 6 日，溪口解放前夕，毛泽东就电告解放军前线指挥机关：“在占领奉化时，要告诫部队，不要破坏蒋介石住宅、祠堂及其他建筑物。”进驻溪口的解放军第二十一军第六十一师，从上到下，坚决贯彻执行这一指示。当时，官兵的生活非常艰苦，粮食不够，一日三餐只能喝稀饭，但丰镐房里存放的 20 多袋大米，颗粒未动，其他所有物品也同样被保护起来。

1956 年，一位新华社记者来到了溪口。现年 79 岁的南京大学民国史研究中心溪口研究所研究员王舜祁，曾与该记者有过接触。他向笔者回忆说：“那位记者拍摄了蒋介石曾任校长的武岭学校的校长室，又拍了其他遗迹。据说，这些照片后来在一位国家领导人出访时，交由到访国转送台湾，送给了蒋介石本人。”

1958 年，人民解放军炮击金门时，著名民主爱国人士章士钊，特意给蒋介石写了一封信，告诉他“溪口花草无恙，奉化庐墓依然”。

1979 年元旦，全国人大常委会发表《告台湾同胞书》，宣布对台湾“和平统一”的方针。此后不久，经廖承志提议，中央拨出 30 万元专款，修缮蒋介石故居和蒋氏坟墓。

1981 年，胡耀邦在纪念辛亥革命 70 周年大会上，宣布“溪口茔墓修复一新，庐山美庐保养如故”，引起海内外轰动。不久，在外交部官员的陪同下，13 名世界知名媒体的记者首访溪口。蒋经国看到有关报道后，多次感叹：共产党做了一件好事，这笔钱应该由我来出。

1994 年，溪口这座江南古镇，被国务院列为国家重点风景名胜区。1996 年，镇上的玉泰盐铺、丰镐房、小洋房等三处蒋介石故居，被列为全国重点文物保护单位（2007 年又增加到八处）。昔日“蒋家王朝的后花园”，现已成为溪口旅游的金字招牌，以及国民党人士的拜祭之地。（撰文：邢婷）

蒋介石曾孙辈：往返两岸谋发展

如今，蒋介石的曾孙辈大多已成人。他们中的蒋友柏、蒋友常、蒋友青、蒋友梅等，都曾到过大陆，到过溪口。其中的代表人物是蒋友柏。

蒋经国生前，曾要求以“梅兰菊”“松柏常青”，作为蒋家第四代的命名规则，希望这能给孙辈带来如松柏般常青的命运。如今，大部分蒋介石后人已不再过问政治，有的甚至离开了台湾，在世界各地谋发展。而“回大陆发展”，则逐渐成为蒋家第四代日渐清晰的选项。

蒋孝勇和方智怡的长子蒋友柏，是在大陆最具知名度的蒋家后人。2008 年 5 月，蒋友柏在上海成立了常橙品牌策划咨询（上海）有限公司，成为第一个把生意做到大陆的蒋介石后人。

蒋友柏与大陆的第一次“亲密接触”，是在 1996 年 5 月，他陪伴患癌症的父亲蒋孝勇，回到溪口故里。探访完先祖故居后，他又来到上海，参观位于东平路 9 号的蒋介石故居。若干年后，有记者问起他对溪口的印象，蒋友柏说：“溪口风景很美，人很热情。遗憾的是当时因为父亲的身体情况，我几乎无暇顾及其他。但我一定还会再回溪口的，我一直在思考，能为溪口做一些什么有价值的事。”1996 年底，蒋孝勇离开了人世。当时，蒋友柏只有 19 岁。在随后的 12 年里，他未再踏入大陆一步。

近几年，蒋友柏与大陆客户的合作多了起来。在这个过程中，他逐渐对大陆市场有了初步了解。但在没有准备好之前，他一直没敢轻易踏上这块土地。“我为在大陆做生意，心态调整了五年。毕竟没有在那里实际生活过……还是要从零开始。”

虽然自称对大陆“不甚了解”，但蒋友柏的为人之道和家学渊源，却来自中华文化的熏陶。蒋介石一直认为，他的后代应该好好学习中国传统文化。他曾亲自教孙子蒋孝勇读四书。蒋孝勇也把这样的观念传承到儿子身上。蒋友柏小的时候，便被要求阅读四书五经等各种典籍。举家移民加拿大后，蒋孝勇害怕儿子丢掉中文底子，还曾让他们看金庸的武侠小说。在这样的培养、熏陶下，蒋友柏对中华传统文化形成了自己的理解，甚至还将其融入他设计的产品之中。

如今，蒋友柏已与大陆市场建立起紧密的业务往来，频繁地往返于台北和上海之间，将这两座隔着海峡的城市“拴”到了一起。（撰文：萧师言）

附录：蒋家第四代远离政治

1988年底，蒋孝勇举家迁往加拿大蒙特利尔市。临走前，他留下了一句话：“我们家和中国现代史之间，总要打个休止符。”

蒋孝勇的“预言”已经变为现实。如今，蒋家第四代遍布多个行业，却没有一人涉足政治。蒋孝勇的长子蒋友柏与次子蒋友常，一道在台湾做生意，三子蒋友青还在美国读书。蒋孝文与徐乃锦的长女蒋友梅，是蒋经国生前最疼爱的孙女，高中毕业后被送到英国学艺术，毕业后遵母之命在美国发展。蒋孝武与前妻汪长诗的女儿蒋友兰、儿子蒋友松，也都在美国完成学业。蒋友松如今在旧金山从事风险投资业。蒋孝严生有两女一子，儿子蒋万安已成为美国的执业律师。蒋孝慈和蒋孝刚则各自育有一子一女。比起蒋家的第二代和第三代，蒋介石的嫡系第四代，可以说是人丁兴旺，仅男丁就有七位。

蒋介石 34 处行馆里的秘密

1949 年岁末，蒋介石以“亡国戴罪之身”黯然落脚台湾。他当年曾写下“为人唾弃，为世讥讽，耻辱悲惨，于兹为甚”的感叹。此后 26 年，蒋介石长居孤岛，那里留下了他最后的印记，其中包括为数众多的行馆。

由于一部分行馆长期以来不对外开放，蒋介石最后 26 年的行踪细节，一直披着神秘的面纱。2013 年，《蒋介石后传》的出版引起广泛关注，书中刊登了大量罕见的蒋介石行馆照片，详细记录了他与宋美龄晚年的活动轨迹。该书作者、传记作家师永刚在美国通过越洋电话，接受了笔者的专访。

“我找到台湾的资深媒体团队，大家一起历时三年，疏通各种渠道，终于走进行馆深处。更难得的是，还寻访到了一些见证者。”师永刚向笔者详细讲述了此次调查走访的新发现。

装修大致只算中上水准

行馆，旧时指官员出行时的临时性居所。皇帝的叫行宫。蒋介石的行馆，则特指蒋介石在台各地出行、视察和度假的住所。台湾到底有多少蒋介石的行馆，至今没人搞得清楚。史料记载他有 47 处行馆，相关纪录片称只有 27 处，部分学者又认为其专属行馆仅 19 处。

“我们找到台湾政府部门的资料，有据可依的应该有 34 处。”师永刚说，蒋介石的行馆之所以备受关注，是因为行馆几乎遍布全台风景绝胜之地，军事管制严密，如同封建时代皇帝的行宫般难以接近，人们想象其中必然富丽堂皇，是特权的象征。但师永刚经过走访发现：“蒋介石自奉俭朴，各地行馆大部分是当年日据时期政要的房舍，略加翻修，装修大致只算中上水准。”

不过，这些行馆绝非普通建筑可比。环境清幽、隐蔽性强，足以应变突发状况，是蒋介石行馆的三大特点。师永刚把 34 处行馆分成四类。“一类是蒋介石父子长期定居的官邸，如士林官邸、草山行馆、中兴宾馆等。‘两蒋’习惯在官邸接见访宾、商议大事，因此这类寓所有相当浓厚的政治意义，戒备与岗哨也异常森严。另一类是专为蒋介石巡行、避暑而兴建或改建的处所，像日月潭涵碧楼、角板山贵宾馆等。初到台湾时，两岸形势紧张，蒋介石特地在这些地方加强各种应变规划与避难设施的建设，其中甚至设有临时指挥所，以应付突袭或轰炸等紧急事故。”第三类是蒋介石巡行时，地方政府或单位提供的临时休憩处。师永刚发现，这也是蒋介石行馆中数量最多的一类。最后一类，是蒋介石平日在重要办公处所周边临时休憩的地方，往往不在行程规划中出现，不为人知，却是他常常逗留之处。师永刚印象比较深的有阳明山中山楼，它是“国民政府”重要的接待外宾地点，外围有不少供蒋介石暂时休憩、泡温泉的场所。“位于台北市文山区的‘革命实践研究院’是国民党培养干部的重要场所，据说也有一处供蒋介石暂歇的行馆，名为‘木栅别馆’或‘草庐’，东边是萃湖，蒋介石和宋美龄还曾在此泛舟。”

从 1949 年到 1950 年中期，蒋介石四处奔走，妄想寻机打回大陆，号召来台军民无须置产买地，自己也没有心情大兴土木。“在心态上，那时候蒋介石还是过客，虽然狼狈，还期望局势出现奇迹。即便入住草山行馆或士林官邸，他也还没有‘直把他乡作故乡’的打算。”

行馆和一系列历史事件紧密相连

蒋介石在台的行馆故事和他的人生一样，充满起伏矛盾，这些行馆几乎每处都曾和一系列历史事件紧密相连。

随着走访的深入，师永刚和他的团队挖掘到很多隐藏在行馆中的秘密。“比如澎湖贵宾馆，蒋介石认为这里最适宜发展成训练干部的前线基地。”随蒋介石来台的一名侍卫回忆，他曾向蒋介石报告，这里是一片墓地，但蒋却说“墓地风水好”，于是从1949年到1971年，蒋介石每到澎湖都要下榻澎湖贵宾馆，每次至少一周，每年至少一次。

早在清代就是“台湾八景”之一的高雄市西子湾，在国民党退至台湾后，成为蒋介石在台湾南部地区的首要行馆与临时指挥部。1958年金门炮战爆发，这里就是蒋介石指挥的基地。

两层楼的西子湾行馆，绿墙白瓦，每层楼面积约429平方米，行馆内可眺望西子湾美景。西子湾沙滩广阔，蒋介石与宋美龄常在沙滩散步、观落日。“当时担任戒备任务的海军为确保安全，常派驱逐舰警戒，并派一排陆战队士兵与两辆水陆两用战车在滩头防卫。”金门炮战期间，蒋介石每日在西子湾行馆办公10小时以上，前后长达一个月。为便于指挥，台湾军方也在邻近行馆处，设置了地下临时战情指挥中心，并设有碉堡式警卫室，还配备了具有防原子辐射功能的三道金属大门，门厚均超过10厘米。师永刚说：“指挥所内部石壁外还加有一层金属皮，通道仅可容两人侧身而过。尤其第三道门内有个喷头，应该是进入防原子辐射指挥所时，为冲去辐射物所用。”

西子湾行馆也是蒋介石的重要宴会场所。1957年，他在此处接待了约旦国王侯赛因；1958年，伊朗国王巴列维在台南参观海军基地，就是在西子湾用的晚宴；1960年，越南总统吴庭艳访台，蒋介石也是在西子湾行馆与他餐叙。西子湾行馆算是较正式的贵宾会见场所，各项摆设都比较讲究。行馆现在保存的餐具就是从台北的“总统府”搬运而来，客厅的皮制沙发椅由南京运来，餐厅内别具南国风味的贝壳沙发则由高雄市前市长陈启州进献。车库里停放着1948年出厂的美国柏加（Packard）轿车，这是蒋介石在南京的座驾。

“直到20世纪70年代，蒋介石日渐衰老，不耐浪涛声打扰睡眠，移居澄清湖，西子湾行馆才渐渐退出历史舞台。”师永刚说，“每一座行馆里都发生过不同的故事，有些甚至直接影响中国当代史。比如，草山御宾馆（草山行馆）见证了蒋介石“清党”与“孙立人兵变案”；在大溪行馆，蒋经国促成张学良和蒋介石重逢；澄清湖行馆是蒋孔宋三大家族最后在台的聚会场所。行馆看似静默无语，实际却波涛汹涌。”

蒋介石的生活是“朝六晚九”

这些发生过诸多党政大事的行馆，也是蒋介石和宋美龄私人生活的重要居所，留下了不少鲜为人知的故事。

在所有行馆中，最为人熟知且最具代表性的是士林官邸。师永刚发现，士林官邸虽然有大片的园艺用地，布局却较为俭朴。“连驻守侍卫都说，最初见到正房只觉得有一片森林、几栋平房，还有个大烟筒，丝毫没有深宫大院的感觉。不论是蒋介石与宋美龄生活起居的正馆，还是警卫工作人员驻守的营房，墙面与周边树林的色调都是一致的。”

考虑到宋美龄的基督教信仰，官邸内专门设有教堂“凯歌堂”，蒋宋两人时常邀请其他国民党元老一同做礼拜，包括张群夫妇、何应钦夫妇等。为安全考虑，他们要持通行证才可进入，时间约50分钟。凯歌堂共60个座位，前排四张贵宾沙发背部加装了防弹钢板，蒋介石与宋美龄固定坐在右边，蒋经国和夫人蒋方良坐在后方一排。除非有疾病或行程冲突，蒋介

1950—1975年，蒋介石和宋美龄经常居住在士林官邸。宋美龄总能逗得蒋介石哈哈大笑

石总会来做礼拜。蒋家第三代都在凯歌堂受洗，蒋经国三子蒋孝勇、蒋纬国独子蒋孝刚还在此结婚。

士林官邸内客厅、卧室使用的家具材质均是红木，有的家具还是由大陆运来的老古董。正房入门处的巨龙木雕屏风，是宋美龄当年的嫁妆。据说蒋介石有怪癖，喜欢照相却不爱照镜子，所以卧房与盥洗室的镜子都会拿白布遮住。

蒋介石生活相当规律，早、中、晚均会静坐30分钟。每天早晨6时起床，之后念诗、做运动、祷告、静坐，然后开始写日记、看书报、散步。早餐多是小笼包、馄饨、虾仁吐司等点心，加上木瓜等水果；他不喝茶也不喝咖啡，爱喝温开水。早餐时，他会翻阅秘书用红笔圈出的报纸消息。师永刚说："外界曾传闻蒋介石的报纸是特别印的，不但是大字版，且报喜不报忧，不过侍卫证实，蒋介石看的报纸和一般人的无异。直到年纪大了，眼力差，才由秘书读报。"早餐后，蒋介石车队就由官邸出发，15分钟内抵达"总统府"。

喜欢晚睡的宋美龄大概上午11时起床，在床上吃早餐。蒋介石中午1时左右回官邸用餐，宋美龄在旁作陪。饭后，蒋介石会到花园散步，并踱步到鱼池边喂鱼；接着，他睡午觉或静坐，宋美龄则找黄君璧和郑曼青等国画老师到官邸楼下客厅习画。

晚餐是全家人一起吃饭的时间，餐后除了散步，蒋介石有时会与宋美龄乘车外出，晚上9时准时就寝，即使看电影也不例外——他会在看到一半时返回。医官熊丸曾回忆，蒋介石睡眠状况始终不太好，要靠药物入眠。“夜猫子”宋美龄每天约凌晨1时就寝，晚上常会找人下棋、打桥牌，孔家二小姐孔令伟和陈诚夫人谭祥也会不时找她聊天。

中兴宾馆内蒋介石的书房

蒋介石行馆中最大的一处是临近竹子湖的中兴宾馆，蒋宋二人都亲自参与了这座行馆的设计。据说关于浴室化妆间的窗户如何开，两人还闹过一次小别扭。熊丸回忆，宋美龄事先吩咐过设计师不要在浴室开窗，偏偏蒋介石喜欢看窗外风景，要求必须开窗，两人意见相左，以致来来回回改了好几次，最后宋美龄气愤地说，再开窗就让蒋介石自己住中兴宾馆，这才让蒋介石屈服。

行馆的二楼是蒋介石夫妇的私人空间。由于作息不同，两人各有卧室，以拱门相通。蒋介石房间摆着一张双人床，宋美龄卧室里则是单人床。在宋美龄指导下，中兴宾馆的每个房间都有壁炉。

谈起行馆的种种往事，师永刚感慨万千：“细数过往风风雨雨，每一处行馆都是蒋介石在台岁月的缩影，呈现着蒋介石最后26年的所思、所想、所为，不但反映出蒋氏王朝日渐落寞的命运，也让人看到岁月无情，任凭何许人也，总也逃不过历史洪流的淘洗。”（撰文：刘畅）

士林官邸里的蒋介石

蒋介石台北故居士林官邸自1996年开辟为公园以来，堪称台湾最热门的景点之一。然而，每个到此参观过的游客，都遗憾未能一窥蒋介石与宋美龄的生活起居处，也就是官邸正馆。2011年1月2日，这个遗憾不复存在了。这一天起，士林官邸正馆60年来首次正式对外开放。台湾地区领导人马英九、台北市市长郝龙斌主持了开放仪式，并亲自带领游客参观。

唤起马英九、郝龙斌的记忆

士林官邸位于台北市士林区福林路。1950年3月，蒋介石与宋美龄搬到这里，在此居住长达26年。1975年4月5日蒋介石去世，同年9月，宋美龄去了美国，士林官邸人去楼空。之后，官邸由台湾当局保管，后交由台北市文化局。

士林官邸由外而内分为外花园、内花园、正馆3个部分。花园里有温室盆栽区，旁边的玫瑰园是宋美龄的最爱。正馆占地约1300平方米，为二层墨绿色小洋楼。其中，一楼以接待为主，二楼是卧房、书房和宋美龄的画室。

2006年，台湾当局花费1.16亿元新台币（约合2580万元人民币）对士林官邸正馆进行修复。但2009年9月，官邸意外遭火灾，部分家具损毁。此次开放的，也只是正馆一楼。

1963年5月，蒋介石在士林官邸的花园里看书

郝龙斌对士林官邸与蒋介石充满了敬畏。郝龙斌的父亲郝柏村曾担任蒋介石夫妇侍卫长4年半，郝龙斌人生中第一次穿西装、参加宴会都在士林官邸，但也无缘进过正馆。他回忆说，当年，宴会总是在官邸的网球场举行，宋美龄会先到场，与在座的妈妈们聊天。蒋介石则会席间到场，摸摸在场小朋友的头，询问孩子们在哪儿读书、放假去哪里玩。

马英九曾经当过蒋经国的英文秘书，对官邸内部比郝龙斌熟悉。他带领大家参观时说："我知道在上面（二楼），还有一些早年的地图，尤其是军事的情势地图，这些让我印象特别深刻。"

正馆到底什么样

参观官邸正馆要预约。正馆每周二到周日开放，每天42个场次，限860人入场。尽管天气寒冷，正馆开放后，游客仍络绎不绝。笔者也参观了这里。

士林官邸

走进正馆大门，迎面是一个大型龙凤根雕玄关，穿堂墙上挂着4幅宋美龄的亲笔国画。宋美龄来到台湾后迷上中国画，画兰、画竹、画山水，废寝忘食。负责导游的国民党党史馆主任邵铭煌讲了一段趣闻：外界曾怀疑宋美龄的画有人捉刀代笔，宋美龄于是在孔子的一个诞辰纪念日，邀请几位国画名家餐叙，而后当场挥毫，展现画技。

穿堂之后是小客厅，壁炉上方悬挂着蒋介石母亲王采玉的画像。蒋介石常在这里与儿孙下跳棋、围棋，享受天伦之乐。宋美龄后来颇爱下象棋，常邀亲友对弈，下棋时还会唱歌助兴。至于接见外宾的大客厅，装饰成了近代西式风格。过去，这里也是台湾政治中心，接待过越南前总统吴庭艳与阮文绍、韩国前总统李承晚等外国元首。而当时的美国副总统尼克松、总统艾森豪威尔与副总统约翰逊也分别于1953年、1960年与1961年造访过官邸。

正馆一楼餐厅，是蒋介石夫妇的家庭聚会所。用餐之余，餐厅还会与小客厅合并充当电影院，播放老式的胶片电影。很多人不知道蒋介石是个电影迷。邵铭煌介绍，因为蒋介石夫妇喜欢看电影，在士林官邸设有“电影科”，由三位职员负责放电影。不少轰动一时的影片，早在公映前，蒋介石和宋美龄就在官邸先睹为快了。

神秘通道是否存在

在台湾，传言蒋介石的住处“有逃生神秘通道”，还有传闻称他在介寿路的办公室与士林官邸之间“有通道连接”。于是，很多人参观官邸时，都想看看是否有这个通道。

然而，大家都失望了。从 1996 年开放官邸花园开始，这个“神秘通道”就从未曝光。这次开放正馆，也同样没有所谓的“神秘通道”。有关“蒋介石办公室神秘通道”的传言，被证实是“办公室通向国防部”的一条普通的人行地下通道。其实，利用既有地形安排一条紧急状况时使用的通道，在所有国家或地区领导人的安全防卫中，都有类似的措施。

不过，官邸后方小山内部的山洞，却是台湾战时作战指挥中心。官邸确实有通道通往这个指挥中心，以便有状况时，蒋介石可以就近进入指挥中心。只是，这个通道在蒋介石去世后就废弃不用了。

“致命一击”

对许多士林地区民众来说，士林官邸曾经是当地“社会安全、安定的保障”。蒋介石夫妇住在这儿，使台湾当局对这一地区的治安维护到了滴水不漏的程度。

当地民众曾经流传一句话，“士林的宪兵比狗多”。因为蒋介石生前最信任的不是警察，而是宪兵。他的“内卫”大多由浙江“子弟兵”担任，都经过特殊训练。“外卫”则大多由宪兵担任，被称为“领袖的铁卫队”。蒋介石在世的时候，官邸前面的福林路不允许一般车辆经过，就好似官邸的私家道路一般。每次蒋介石的车队经过，路口都会交通管制，让车队既快又安全地通过。

即便如此，蒋介石仍因车祸受过重伤。1969 年 7 月初，蒋介石夫妇按照惯例，准备从士林官邸到阳明山避暑。就在车队从官邸开上仰德大道时，一辆台湾军队的吉普车突然窜出，与蒋介石的高级防弹轿车相撞。由于冲击力非常剧烈，坐在后排的蒋介石毫无防备，身体一下子飞了起来，狠狠地撞到了前排的防弹玻璃隔板上，两排假牙从嘴里飞了出去，但受伤最重的还是胸部。据说，直接影响了心脏。

台湾有专家后来评论说，这次车祸让蒋介石身体状况急转直下，成为其去世的直接诱因。蒋介石一生都重视安全防卫，但在他自认为“最熟悉、最安全”的士林地区受到“致命一击”，这绝对是他所始料不及的。（撰文：萧师言）

蒋介石和宋美龄，“九一八”之际联袂亮相

实力悬殊的中日对阵

1931年，九一八事变爆发，日本侵略中国的战争硝烟顿时弥漫整个东北。在这一背景下，1931年10月26日出版的《时代》，选择蒋介石和宋美龄夫妇作为这期杂志的封面人物。在他们之前，10月12日，日本负责处理九一八事变的外相币原率先成为封面人物。有些奇怪，张学良是这一事件最直接的关键人物之一，似更应被选为封面人物，但《时代》挑选的是蒋介石。大概他们更看重该事件引发的是整个中国的危机。

《时代》封面上的蒋介石和宋美龄

这是蒋介石第二次成为《时代》的封面人物，上一次是在1927年4月4日。四年多过去，蒋介石似乎走到了中国政治舞台的中心，俨然成为头号政治强人。但实际上，直到1930年9月在中原大战中打败冯玉祥、阎锡山之后，他才算真正控制了南京的国民政府。这距九一八事变发生还不到一年。即便如此，蒋介石能直接控制的地盘也很有限。面对各种严峻挑战——中国共产党的武装斗争已呈星星火燎原之势；国民党内部反对派另立的广州政府形成强有力对抗……号称“第一巨头”，但他何曾有过一天的安宁？更遑论所谓的权威。如今，更大的国际挑战来到了。

日本当然了解蒋介石和中国的情况。在日本人看来，国内局势已令蒋介石焦头烂额的情形下，他和他的政府无疑是脆弱的，甚至是不堪一击的。正因为如此，日本随后才敢公开蔑视中国对九一八事变的反应，对中国以及国际联盟持强硬态度：

> 在东京，一位没有透露姓名的日本政府官员称：“世界不能让日本向中国低头。如果这样做，将导致严重后果。”
>
> “南京是无能的。”处于麻烦地带中心的日本南满铁路株式会社总裁内田，上周对记者这样说。他一副蛮横跋扈的样子，谈着日本在满洲的军事长官已做的和将做的事情。
>
> “我认为张学良（被日本赶走的满洲统治者）不会回到沈阳。”他继续说出最重要的一点：“既然南京的中国政府不能进行谈判解决问题，日本就必然要与一个新的即将成立的满洲当局进行谈判。”（《时代》，1931年10月19日）

中国面对的是一个军事强国。以蒋宋夫妇为封面的这期《时代》，虽以“黄埔”为题分析中日之间可能爆发战争，但它所列举的双方军事力量的数字，似乎又在告诉读者，如果开战，这会是一场实力对比十分悬殊的战争。

黄埔是中国的“西点军校”，其学生赫赫有名，颇受曾任校长的蒋主席的器重。黄埔教官是今日中国军队的骨干。蒋主席两周前威胁说要向日本宣战。上周，他保持沉默，紧张地与北方军阀急电联系。有两位军阀可能参加与日本的战斗，一是在内蒙古的“基督将军”冯玉祥元帅，一是“模范督军”阎锡山元帅，他们都是中国家喻户晓的战将。过去，他们曾与蒋合作过，如果此次他们加入到蒋主席的行列，中国将有大约20万训练有素、装备齐全的军队与日本对阵，另外还有160万没有战斗力的杂牌军或者雇佣军。

日本正规军兵力为21万多人，其中1.5万日本士兵上周占领了满洲。日本受过训练的公民已被征兵，准备换上军装，总数达175万人。在海上，日本有中国无法比拟的海军，总吨位达到近80万吨，中国整个海军（68艘船舰）的总吨位还不如一艘英国超级“无畏”级战舰（4万吨）。日本对中国战斗力的看法，由东京的一位政府发言人表达出来：“如果中国向日本宣战，我们完全不必考虑。”（《时代》，1931年10月26日）

中国在危难中。

自鸦片战争后，中国东北就不断面临俄国和日本的蚕食、控制，现在演变成了日本的侵吞。

在愤怒的民众面前

中国人愤怒了。

“抵制日货！”这是首先发出的声音，也是可以一下子在各地展开的共同行动。既是愤怒的宣泄，也是一种姿态的表示，更有很多人认为抵制日货、制裁日本，能够起到打击日本经济、削弱日本军事力量的作用。当愤怒把民族情绪点燃之后，主动也好，被动也好，有作用也好，无作用也好，实际上已不重要。重要的是，在遭遇九一八事变的国难时刻，每个人都需要以各种方式表明其立场和态度。于是，抵制日货的浪潮，顿时席卷中国乃至世界各地。当《时代》选择蒋介石、宋美龄作为封面人物时，“抵制日货”浪潮成了报道中国局势的背景之一：

在上海，那些敢偷偷摸摸卖日货的店主，上周受到由“反日协会”自己任命的中国“警察”的严厉惩罚，哭哭啼啼地被关进临时设立的监狱。

这些不爱国的商人吓得说不出话，跪在“反日协会”审判者面前不停地磕头求饶。“审判员”处以罚款，惩罚他们卖日货的罪行，“罚金”达 1 万墨西哥元（2500 美元）。凡是被处以罚款而称无力支付的店主，就被押进“反日协会”的监狱，在里面挨饿。这种怪异的审判，以各种方式出现，公然违法的行为却在各地得到中国公众舆论的支持——人类 1/4 民众的舆论。

成千上万的城市与乡镇，爱国者汇成一个整体，发出如下神圣的誓言（由中国首都南京的全部师生宣誓过）：“对着青天白日，对着我们的祖国，对着我们祖先的陵墓，我们全体教职员工和学生发出庄严宣誓，只要我们活着，就永不使用日货。如果违反誓言，老天可以惩罚我们，别人可以处死我们！”

全世界的唐人街纷纷抵制日货。

在安大略温莎的白人，吃惊地看到 400 名加拿大华人采取波士顿茶叶党同样的举动，把价值 6000 美元的日本茶叶、丝绸和海鲜集中在一起，浇上汽油，由温莎德高望重的李枫（FongLee，音译）发表鄙视日本的演讲，然后点燃柴堆。在太平洋彼岸，美国航运公司高兴地看到日本的公司取消了中日航班，自己则多了生意机会。（《时代》，1931 年 10 月 26 日）

日军当年所立柳条湖“爆破地点”碑

《时代》的报道为我们了解当年中国抵制日货运动的概貌，提供了生动画面和细节。慷慨激昂的积极分子在严厉斥责；被处罚、被关押的商人在无奈地哀求；南京的师生在神圣宣誓……这些发自民间的声音，与9月18日柳条湖的爆炸声、北大营的枪声以及张学良的叹息与呼吁，混合在一起，渲染出1931年中国的悲情。

不敢宣战的蒋介石，又必须安抚愤怒的民众。这是摆在他面前的难题。

> 为安抚情绪激烈的爱国学生，使其摆脱痛苦，南京的蒋介石主席上周组建“学生军”，准备抗日。但大量学生没有参加，他们怀疑蒋是否会真的宣战。3000名学生在南京聚会，大多数人年纪很轻，也很穷，他们发誓在那里请愿（也许会绝食），直到政府采取具体行动来维护“中国的名誉”。
>
> 听说又有一辆火车满载学生将要离开上海，蒋主席立即下令火车停车，哪怕学生威胁要砸烂车站。发生一阵骚乱后，上海铁路部门官员只能放行，当火车驶出上海车站时，学生们阵阵欢呼。火车开到距南京50英里的镇江时，驶进副道，学生愤怒了，但司机和司炉留下火车头，早已离开远去。
>
> 在美国，赞助燕京大学的费城人，收到燕京大学校长司徒雷登的电报，据称，他的中国学生在继续上课，没有参加别的学校由中国学生举行的示威活动。这些费城人得知这一消息，松了一口气。（《时代》，1931年10月12日）

在这样的时刻，蒋介石被推到旋涡之中。日本侵略东北，无疑打乱了蒋介石欲集中力量“围剿”红军、“消灭”共产党的部署。国难面前，他仍把共产党看成最大的心腹之患。“攘外必先安内”——这是他既定的方针，不会因“九一八”的突然来临而改变。1931年11月30日，蒋介石在一次会议上称：“攘外必先安内，统一方能御侮，未有国不统一而能取胜于外者。”因此，尽管蒋介石口头上一再声称要向日本宣战，很大程度上却是在做出一种姿态。他清楚中国与日本军事力量的悬殊对比。1931年，在他看来，中国不可能战胜日本。他说他需要时间。

“第一夫人”初次亮相

与蒋介石联袂亮相的宋美龄，一共有三次成为《时代》的封面人物，1931年为第一次。对初次亮相的宋美龄，《时代》报道的重点是她与母校威斯里安学院校友在南京的会见。按照美国习惯，《时代》将她称为“第一夫人”：

> 当蒋介石总统从中国漫长的战争中抽出时间走回家里，他便会看到世界上最美丽的第一夫人美龄——少女时她在威斯里安学院留学，发型留着维多利亚女王时代的社交样式，饰以珠宝，她是虔诚的循道宗的基督徒。上周，第一夫人美龄又一次接受了她很少拒绝的拜访请求——最迫切的请求来自威斯里安学院的女校友，她们希望被接见。觐见中国第一夫人总是被安排喝茶。
>
> 喝茶地点是在第一夫人及其丈夫的首都南京的住所，小巧的房子由红砖和灰水泥高墙环绕。为什么她从不和丈夫一起露面？为什么他们没有孩子？她最大的兴趣是什么？尽管一般只可能提出其中一两个问题，但上周，中国的这位优雅、坦率的第一夫人，却向她的威斯里安学院的女校友回答了过去一年的所有问题。她最后的也最简洁的回答是：

“我一直在考虑生育孩子可能会使母亲无法履行社会义务，中国目前需要的是自由的妇女来训练别的妇女。”

第一夫人美龄的首要社会工作是抚养孤儿，他们的父母均死于她丈夫的战争中。

问到她是否一起参加蒋主席的行军。她温和地说：“是的，我经常想这么做，经常！但把我们两个人的生命同时放在危险之中，显然是不明智之举。”

直到上周，所有威斯里安的来访者还在说，为她们倒茶的第一夫人美龄，身着上等丝绸的中式旗袍，脚上的鞋则是在威斯里安制作的（不是中式的），她操一口带有波士顿口音的英语，戴着亮闪闪的珠宝戒指，珍贵的玉器耳环。一个女校友惊叹道：“这个古董花瓶真美！”这时，美龄优雅地回答：“不错，它很古老。但那边的那个玉瓶更古老，有800年了……”（《时代》，1931年10月5日）

笔者在2001年8月前往美国威斯里安学院，为了寻访宋美龄在母校的陈迹残影。走进校园，就像走进了公园。没有围墙，没有大门，校园消融于田园风光中。

教堂耸立于坡顶，湖泊躺在舒缓起伏的山丘之间，花丛树影从路边草地上一直延伸到湖畔。汽车如在画中行。拐弯，下坡，美景迭现。难怪人们认为它是美国最美丽的校园之一。站在湖边，仰望高处教堂塔影，笔者甚至怀疑，在这样的美景中，一个人怎么还会有心思念书？

美丽的威斯里安校园里已很难寻觅当年的宋美龄的踪影。在书店里，翻阅多本关于威斯里安学院的图书，未见一本提及曾经令母校为之骄傲的这位中国学生。问书店小姐，自然也难知“Madam Chiang”这个一度在美国家喻户晓的风云人物的名字。

走到中文系教室走廊里，忽然发现，在告示牌上五光十色大小各异的招贴中，夹杂着贴有一份关于宋美龄的剪报。剪报为复印件，一角已被盖住，标题《蒋夫人下月 6 日 104 岁“嵩”……》，后缺一字，想必是“寿”。剪报的时间为 2001 年 2 月 15 日，距笔者寻访威斯里安校园已近半年。

一张不起眼的剪报，成了 104 岁的宋美龄与母校的唯一联系。（撰文：李辉）

蒋介石1927年的首次亮相

“洋鬼子”聚焦蒋介石

1927年初，《时代》在1月31日发表了一篇关于中国局势的报道。题目用了一个中国话的发音——“洋鬼子”（Yang-kueitze）。报道的开头很有意思：

> 上周，北京的中国人在零下10摄氏度的寒冷中瑟瑟发抖，而在南方1000英里之外的广州，另外一些中国人则享受着与迈阿密海岸一样的温暖。这两种不同的中国人，可能听不懂对方的中国话，因为他们的方言有明显差别。但是，“洋鬼子”在所有地方都教一些中国人学会了英语，特别是“民族主义（Nationalism）”这个词。

两个词——“洋鬼子”和“民族主义”——把1925年以来蔓延中国的革命主题概括得颇为准确。对于《时代》这样的西方媒体，还有什么事态比中国爆发的反对帝国主义的民族主义运动更让它们关注？随着国民革命军（又称北伐军）1926年从广州开始的北伐战争一步步凯歌挺进，“中国是中国人的”——孙中山当年提出的口号，在广州、汉口、九江……一个又一个中国通商口岸城市，成了民族主义运动最为高亢的声音。所有西方人不能不正视这一现实：治外法权、租界……西方列强（包括日本）过去在中国获取的那些特权，正面临着被收回的威胁。他们害怕失去一切，他们更担忧失控的民众，会像当年的义和团一样，把愤怒火焰烧向所有居住在中国的“洋鬼子”。

27年前的历史还会重演吗？这几乎是所有西方列强政府和普通的“洋鬼子”，在走进1927年时对中国民族主义运动的恐惧。

恐惧中，“洋鬼子”聚焦中国1927年大革命的目光，落在一个以战胜者姿态走进上海的将军身上——他就是担任国民革命军总司令的蒋介石。

征服者走进上海

1927年4月4日，蒋介石第一次成了《时代》的封面人物，此时，中国大革命正处在由盛及衰的关键时刻。《时代》封面选用的是一幅正面肖像速写。光头蒋介石表情冷峻，目光凌厉，有一种威慑的气势。封面下方只有简单说明——

“GENERAL CHIANG KAI-SHEK”（蒋介石将军）

“……rose out of the Sun-set”（在孙陨落之后升起）

这里，《时代》显然巧妙地玩了一下文字游戏。Sun既是指孙中山，又有“太阳”之意。因此，根据后面报道的行文，此处也可译为“在日落之后升起”。

关于这个封面人物的介绍，小标题只用了一个词——征服者。

“征服者”蒋介石进入上海的细节，被《时代》生动地描述出来：

上周一下午，大约两点钟，一个长长的车队由南向北开进上海。

车上坐着100名全副武装的强悍士兵——现代型的保镖阵势。一个人穿一件完全未加装饰的外套坐在第三辆汽车上，他虽瘦长，却是果断指挥南方军队的人——半个中国的伟大征服者、国民党军阀蒋介石。汽车专队耀武扬威地强行进入设有路障的法租界，（法国人慎重地考虑了蒋介石将军要继续进入公共租界的要求后，选择了放行。）一会儿，车队从法租界返回，这位征服者告诉人们是他的司机走错了路。很快，蒋介石和随从以及正规卫队，在一座大楼前停下，挂起一面旗帜，红、白、蓝三色的国民政府旗帜随即飘扬。在红底旗帜的上方，是一片蓝色田野，田野上升起一颗白色太阳。

是否真的走错了路，已无法确定。但笔者推测，曾在上海生活多年的蒋介石，应该熟悉这里的大街小巷，所谓“误进”租界，不过是在炫耀于世人：他已是这座城市的新主人。

西方列强不能不关注他。从1926年北伐开始，随着北伐军步步胜利，蒋介石的权力、威望也步步上升。到了1926年底，坐镇南昌拥有军权的蒋介石，已经可以与武汉国民政府分庭抗礼了。他和国民党左派力量的分歧日益加深，矛盾已经公开。这种分裂，却正是忧虑重重的西方列强乐于看到的。他们害怕义和团运动再度蔓延，害怕北伐军会夺走他们曾经拥有的一切。

在席卷长江、凯歌高奏的国民党领袖中间，蒋介石一步一步走近他们。

被渲染的传奇

其实，早在攻下上海之前，蒋介石就已做出了一种与“洋鬼子”保持友好关系的姿态。1926年8月20日，蒋介石在长沙发表声明称：从军阀手中解放中国，赢得在各国中的正当平等的地位，并与所有国家友好相处。“他答应保护在华所有不妨碍革命力量军事行动，也不协助军阀的外国人的生命和财产。”两天之后，长沙湘雅医学院及其附属医院接到命令，要求派几名医生为蒋介石治伤。一位美国传教士外科医生为他拔掉一颗碰伤的牙齿，他对蒋表现出来的明显友好态度深有好感。湘雅医学院的教职员曾经担心他们的医院会被没收，但是蒋介石的指挥部反而在街对面设立了一所设备良好的军用医院，两所医院合作了一段时期。蒋介石答应，他控制的部队不攻击外国人。（参见《剑桥中华民国史》上卷，第673页）

在“洋鬼子”眼里，这无疑是一个他们愿意接受的“国民党军阀”。在他们注视的目光下，“征服者”蒋介石走进了上海。他们显然有一种预感，中国的局势即将发生巨大变化。

对3月底蒋介石走进上海这一周的中国动态，美国媒体比其他西方国家的媒体表现出更大兴趣。4月4日的《时代》报道说：“日本报纸上周关于中国事件的报道，还没有对天皇衣食住行的报道多；伦敦和多伦多的英文报纸则索性全无；但美国的报纸却表现出极大的关注。”正是在这一背景下，《时代》选择蒋介石作为封面人物。

1924年吴佩孚成为《时代》封面人物时，报道只有寥寥数语的介绍，这一次却大大不同，《时代》用了大量篇幅讲述蒋介石的故事。从他的出身、家世，到他的经历，将近2000字的人物速写，不再是纯粹的新闻报道，而是典型的《时代》风格的文体。行文之中，倾向性十分明显，蒋介石的故事被泼洒上浓郁的传奇色彩。

蒋介石早年在上海的故事是这样被描述的：

> 中国革命（1911年）爆发时，他刚满23岁，奉命指挥革命党在上海的一支部队。有两年时间，他利用职务之便，沉溺饮酒、赌博、放荡。忽然间，他放弃了这些嗜好。当他的朋友们聚在一起表示反对时，他大呼道：“我已抛弃这些生活，要真正为国家服务！你们说是我的朋友。朋友！呸！向天发誓，我再也不会把你们当朋友。你们不为国家服务，不为民众服务，不是我的朋友。滚出去！不要再来了！”

怀着一种虔诚的、脱胎换骨的负疚感，蒋投入中华民国之父——伟大的孙逸仙博士领导的实际战斗之中。

接下来讲述一段蒋介石向孙中山请缨攻打惠州的故事：

问题在于如何攻打惠州。孙博士的将军们认为不可能。蒋介石请求面见伟大的孙博士，向他面呈自己的计划。

此时孙已年衰。他也许早已决定蒋应该如日中天了。据信他们过去从未见过面；但当年轻将军走进来时，孙博士夸张地站起来，仔细端详蒋介石的脸，兴奋地说："啊！这就是第二个孙中山！有一天他会接替我的地位！……说说你的计划吧。啊，年轻的正在升起的太阳。"……

蒋指挥攻城战斗。虽然他 1 万人的军队有 9100 人阵亡，但攻下了惠州，奇怪的是他没有受伤。在此次自己的部队遇到巨大伤亡之后，蒋的威望反倒大增，因为他身先士卒地一起参战。

这位改过自新的罪人，现在成了一个强大的英雄。凯旋之后，他退隐到一个寺庙里沉思冥想了 3 个月，此事后来被他反复提及。1922 年，他到了莫斯科，担任孙博士的军事联络官。当时孙已经决定为了实现以民族主义即"中国是中国人的"，来征服中国，准备接受任何强国的援助。

这里显然将不同时间发生的事情剪辑到了一起，且具有说书一般的渲染与夸张。孙中山召见蒋介石是在 1922 年 6 月，当时孙中山在广州被军阀陈炯明围困在"永丰舰"上；蒋介石率领东征军攻打惠州是在 1925 年春天，而此时孙中山已到北京，病入膏肓。或许是素材来源有误，或是故意追求一种戏剧性效果。不管如何，《时代》之所以选择蒋介石，一方面是因为他已经成了中国最有实力的"国民党军阀"，另一方面更是因为"洋鬼子"注意到他与共产党逐渐拉开了距离，而这正是他们所愿意看到的走向：

尽管他衣着简便，不事张扬，但蒋仍表现出一个征服者统领一切的气势，而不是和布尔什维克过于亲密的同志。他谨慎运用各种方式（包括布尔什维克主义）来实现其目标，只要它适合于“中国是中国人的”口号。

蒋介石成为封面人物8天之后，突变在上海发生。

1927年4月11日午夜至12日凌晨的上海之夜，恐怕是20世纪中国最让世人震惊的夜晚。曾经并肩作战的同志，转眼成为刀枪相见的敌人；轰轰烈烈、气势恢宏的街头革命和工人起义，突然淹没在一片血泊之中。尽管一两个星期以来，南昌等地已相继发生国共两党之间的冲突、对峙事件，局势越来越复杂，但是，谁能料到，与汉口国民党左派和共产党存在分歧的蒋介石，最终会采取这种冷酷而决断的方式来解决冲突，进而使自己向成为新的统治者迈出最为关键的一步。

一场婚礼改变了前程

8个月后的1927年12月1日，“征服者”蒋介石与宋美龄的婚礼，在上海的大华饭店隆重举行。《时代》随即报道了蒋介石与宋美龄的婚礼。宋美龄的名字第一次在《时代》上出现了，以后她还将多次成为《时代》的封面人物。

《时代》在题为“宋氏姐妹”的报道中，这样讲述了蒋介石追求宋美龄的故事：

2000名衣着豪华的中国人，上周在上海参加了蒋介石元帅的婚礼……

蒋在上周以一个现代中国浪漫的婚姻征服者形象赫然出现，因为，他执着地向一位女士求婚。众所周知，起初他被拒绝了。在中国，一般来说，被拒绝是求婚者“丢脸”的事，甚至有不少人难以忍受而选择自杀。通常，这种求婚是通过媒人的，但蒋介石不得不冒着“丢脸”的危险，因为他的新娘是完全西方化的“现代女性”宋美龄小姐。

蒋介石和宋美龄的结婚照

在中国，“宋氏姐妹”是著名的政治女性。大姐是孔祥熙夫人，孔先生是孔夫子直系后裔，家世尊贵。二小姐是享誉中外的孙夫人，是民族主义运动“神圣”的奠基人孙逸仙的遗孀。

三小姐是宋美龄，韦尔斯利学院 1917 年毕业生。她和担任汉口国民政府财政部部长的弟弟宋子文一样，与汉口国民政府立场相当一致。她很迷人，聪慧过人，言辞严谨，观察家了解她的民族主义热情，猜想她在上周与蒋介石结婚，可能会使他不再引退，而是重掌国民党军事力量的指挥权。(《时代》，1927 年 12 月 12 日)

关于蒋介石地位将得到加强的说法，则很快被证明说得不错。

1927 年 8 月，蒋介石曾受到来自三方的压力——以汪精卫为首的武汉政府中的原国民党左派势力；拥有数十万军队的冯玉祥；蒋的得力部下何应钦等——他不得已而宣布下野。现在，与宋美龄完婚之后，机遇的天平再次偏向了蒋介石。他的劲敌汪精卫已经被迫下野，赴欧洲“休假”；逼他下野的冯玉祥，转而又力挺他出山，并将在两个多月后，两人正式结拜为“金兰之交”……

《时代》1927 年最后一期（12 月 26 日）刊物报道了蒋介石重返政坛的消息：

18 TIME April 4, 19

Foreign News—[Continued]

to master the half of China he has conquered.

Men asked one another, "Whence came he?"; and from the answer sought to divine whither he goeth.

. . .

Life came to Chiang Kai-shek 39 years ago in a tiny village near Ningpo in Chekiang Province. He ran away from being apprenticed to a merchant and embraced the career of arms, winning a scholarship at the Military Academy of Yuan Shih-kai, the Great Northerner, in far-Northern Chili. Later, he was sent by the Manchu Government to study at the Imperial Japanese Military College, Tokyo (1906).

When the Chinese Revolution burst (1911) he, a stripling of 23, was given command of a brigade by the Revolutionary party at Shanghai, and for two years he took advantage of his new position to live a life of drinking, gaming and debauch. Suddenly he abandoned these practices, and when his friends assembled to remonstrate, he cried: "I have given up this kind of life to give my real services to my country. You call yourselves my friends. Friends! Bah! Thank the gods, I shall not have to call you friends any more. You, who are supposed to be working for the country and serving the people, are not MY friends. Get out! Don't come here again!"

With the zeal typical of a converted sinner Chiang threw himself into active fighting in the cause of the great Dr. Sun Yat-sen, late "Father of the Chinese Republic." Dr. Sun was at this time experiencing reverses, having been driven from Canton, his capital, by his own War Minister. Soon Chiang Kai-shek with 10,000 men had materially assisted in driving the traitor War Minister out of Canton, and back to his walled stronghold Waichow, a city deemed impregnable.

The question was, how to capture Waichow. Dr. Sun's generals declared the task impossible. Chiang Kai-shek asked to be admitted to lay his plan before the great Dr. Sun.

Sun was an old man then. He may have already decided that Chiang should be the sun to rise out of his own setting. They were believed never to have met; but when the young general entered, Dr. Sun rose dramatically to his feet, scanned carefully the face of Chiang Kai-shek, and exclaimed: "Ah! Here is the second Sun Yat-sen. He shall one day take my place! . . . Explain your project, Oh young and rising Sun."

Chiang Kai-shek explained his plan. It depended on his ability to fire his 10,000 soldiers with sufficient enthusiasm to follow him in a direct frontal attack on the walled city of Waichow during which they would nearly all most certainly be killed.

NORTHERN MARSHAL CHANG

He favors oldtime soup

Chiang led the attack. Nine thousand one hundred of his ten thousand men were killed; but he captured Waichow. Strangely he did not lose but rather gained prestige after this prodigious butchery of his own troops, for he had himself fought in the thick of it.

The reformed sinner, now a mighty hero, retired after his victory to a Buddhist temple for three months, a vacation period of meditation which he has several times since repeated. The year 1922 found him in Moscow, acting as military liason officer for Dr. Sun, who had despaired by then of receiving aid from any other Great Power for his project of conquering China in the name of Nationalism, or "China for the Chinese."

When Sun died (1925), Chiang Kai-shek became the outstanding Nationalist leader, though still little known in the Occident. He led the greatest conquering army which China has known in the present century up from Canton (TIME, Sept. 6), capturing successively all the chief strongholds south of the middle Yangtze river, including the present Nationalist Capital, Hankow (TIME, Oct. [illegible]). Thence he has proceeded to capture all the great cities south of the lower Yangtze, completing his conquest of the Southern half of China by taking Shanghai (TIME, March 28).

This prodigious series of victories was not won even largely by force of arms. Chiang is the first modern *generalissimo* to advance with a veritable army of spies and propaganda agents preceding his military columns months beforehand, filtering into the enemy camp, and persuading enemy soldiers to desert to the banner of "China for the Chinese."

Withal, though he is careful to wear no distinguishing mark on his uniform, Chiang is a conqueror of dominating mien, not a comradely Bolshevik back-slapper. He has publicly disavowed Bolshevism; and he is much more dangerous to the Great Powers than if he were a Bolshevik. His purpose is to accomplish, by *any* means (including Bolshevism where prudent) all that is implied by the threadbare but kindling phrase "China for the Chinese."

. . .

The great barbaric war lord of Manchuria and North China, Chang Tso-lin, remained last week the only Chinese still potent enough perhaps to stem the conquering Nationalists their present line along the Yangtze River and keep them from overrunning North China as they have South China.

Chang Tso-lin is a great lord in the good old way. He favors swallows' nest soup, tugs delightedly at his large ears when pleased, has his own officers or their wives spitted on sharp stakes when displeased, and keeps a likely string of concubines.

At Peking, Chang re-affirmed to correspondents his violent antipathy to Bolshevism, and roundly declared that his troops were hastening southward and would drive the Nationalists out of Shanghai. At Shanghai Nationalist Generalissimo Chiang Kai-shek told newsgatherers that "as soon as possible" his armies would press on to capture Peking. Will Chang [illegible] Chiang? Great battles between them seemed inevitable last week, but it was probable that their secret agents were even then [illegible]fering and hornswoggling in an effort to patch up terms whereby the Nationalists may be confirmed as masters of all China below the Yangtze river, with Chang [illegible] remaining supreme north of the Yangtze.

《时代》上关于张作霖的介绍。1927 年的张作霖被蒋介石视为头号劲敌上周，一批称自己是国民政府的中国人在上海通过了一项与苏联决裂的决议。他们的领袖是原北伐军总司令，打下了半个中国的蒋介石，他说：“我欲竭尽全力实现国民党地区的和平，重整国民政府，提供充分军备以与张作霖（中国北方的统治者）作战，只有将他消灭，中国才会和平。”

对于蒋介石，一切才刚刚开始。（撰文：李辉）

蒋介石两次下野与复出

蒋介石的两次下野

1933 年 12 月 11 日，蒋介石又一次出现在《时代》封面上。

这是蒋介石第三次成为《时代》的封面人物。第一次是在 1927 年 4 月 4 日，第二次是在 1931 年 10 月 26 日。有意思的是，对于蒋介石来说，前两次成为封面人物并不是好兆头，随之而来的都是黯然下野。

第一次下野，自 1927 年 8 月 13 日至 1928 年 1 月 4 日。蒋介石在 1927 年 4 月 12 日突然发动针对共产党人的“清党运动”，掌握了国民党的控制权。但仅仅 4 个月过后，他便受到来自三方的巨大压力——以汪精卫为首的武汉政府中的原国民党左派势力；拥有数十万军队的冯玉祥；蒋的得力部下何应钦。分裂的国民党南京、武汉两派如果要统一，首要前提就是蒋介石下野。他没有料到会有如此大的转折，不得不黯然返回老家浙江奉化。

此次下野为期 4 个多月。其间，蒋介石前往日本争取日本朝野各方势力对他的支持；他还与宋美龄结婚，为日后复出并确立统治地位奠定基础。于是，1927 年底，当他与宋美龄在上海隆重举行婚礼时，他重返权力中心之旅也就开始了。

1931 年，胡汉民和汪精卫（右）曾联手反蒋

第二次下野，自 1931 年 12 月 15 日至 1932 年 1 月 28 日。蒋介石同样没有预料到会有第二次下野。因为在他本人或者许多人看来，1931 年九一八事变的爆发，本应是他弥合国民党内部矛盾的好机遇。这场党内矛盾，是由他软禁胡汉民一事引起的。

胡汉民是国民党元老、立法院院长，一直反对蒋介石集党、政、军大权于一身的独断专行，为国民政府实际上沦为个人手中的工具而愤愤不平。1931 年 2 月 28 日，蒋介石突然将胡汉民软禁。这立即引发国民党内部又一次反蒋高潮。5 月，改组派[1]、西山会议派[2]、胡汉民派、林森和孙科派，以及两广实力派人物陈济棠、李宗仁，在广州成立了一个“非常会议”，打出“打倒独裁”“护党救国”的旗号。寄寓香港的汪精卫应邀出任广州“非常会议”的政府领袖。不同时期反对过蒋介石的派别，在这一时刻会聚到了一起。1931 年 9 月初，广州政府派军北上讨蒋，宁粤战争爆发。正在此时，九一八事变爆发了。广东方面首先做出了友善举动，9 月 20 日立即停止入湘军事行动。蒋介石也予以回报，派代

[1] 改组派：南京国民政府初期的主要反对派，1928 年下半年成立于上海，主要发起人为陈公博、顾孟余等人，试图通过改组国民党，与蒋介石争夺党权和政权。

[2] 西山会议派：国民党内一个反对孙中山“联俄、联共、扶助农工”三大政策的派别，因 1925 年在北京西山非法召开“国民党一届四中全会”而得名。蒋介石发动四一二反革命政变后，西山会议派与蒋介石集团合流。

表赴香港与粤方接洽。对立的双方达成了和解。10月14日，蒋介石释放了被软禁的胡汉民。

然而，外人未必清楚中国政治幕后的复杂性。东北大部分地区沦陷、中国军队的不抵抗，使早就反对蒋介石独裁统治的国民党内部各派，更有理由逼迫其交出权力，以改变整个国家的被动局面。1931年12月15日，蒋介石无奈中通电辞去国民政府主席等职。同一天，张学良也获准辞去陆海空军副委员长之职，改任北平绥靖公署主任。12月22日，国民党四届一中全会在南京召开，分裂多时的南京、广州、上海各派别，在国难降临之际终于坐到了一起。

在出席此次会议开幕式之后，他遂于当天下午偕宋美龄悄然离去，飞往上海，又一次前往家乡奉化，在雪窦山上的妙高台静观局势，伺机而出。

复出的人骑在马上

蒋介石第二次下野的时间比第一次要短，为期不到两个月。

与第一次下野时相比，此时的蒋介石，势力与地位已今非昔比。经过几年的纵横捭阖，他早把冯玉祥、阎锡山、李宗仁等地方军阀降服，东北的张学良与他结为金兰之交，中央军的指挥权更是牢牢控制在他手中。接替他出任国民政府领导人的孙科、汪精卫等人，雄心勃勃，慷慨激昂，命令张学良在锦州一带抵抗日本军队的进攻。可是，他们却无法调动唯蒋介石之命是听的中央军前去增援，张学良也对他们非常冷淡。结果，锦州很快失守，东北军全部撤进关内，东三省遂悉数沦陷。到此时，国民党内反蒋派别大概才意识到，经过多年经营，蒋介石的地位与影响力已难以撼动。

蒋介石又一次复出了。1932年1月28日，他主持国民党临时中政会，决定任命汪精卫为行政院院长，孙科为立法院院长，仍由他自己担任政府主席和军事委员会委员长。他的这种安排，虽表面上看起来使权力有所分散，但至关重要的军权依旧掌握在他手上。他所奉行的依然是早在九一八事变之前就提出的“攘外必先安内”的国策。

国土被侵吞、分割，自身又陷入分裂、内战，中国呈现在世人面前的，正是这一现实。复出的蒋介石，将如何应对这一切？中国将会走向何处？在这次复出一年多之后，1933 年 12 月 11 日，蒋介石第三次出现在《时代》的封面上。封面选用的是一张照片。蒋介石身着戎装，骑一匹战马，右手行军礼，看上去颇有几分威风，似是在检阅军队时拍摄的。

《时代》以少有的欣赏口吻，描述这个封面人物：

> 中国上周炸开了锅。不过，中国面积相当大。激战、抢劫、骚乱、悲惨的中心地带，常常各自相距百里、千里。一位了不起的战士，坚定地骑着一匹矮胖健壮的中国马，看着世界上这个人口最多、内战频仍的国家。他就是蒋介石委员长。
>
> 这位曾经征服中国的人，目前正面临着蔓延于从广州到北平之间的一场广泛的内战，尽管 6 个主要叛乱地区并非让人过于惊恐。如果中国想真正全都平静下来，委员长就要在 60 个地区而不是 6 个地区马不停蹄地奔跑。因为，中国几乎到处都有“造反”的将军。但在人口密集的城市：上海、广州、北平、汉口以及首都南京，生活虽艰辛但安全。狡猾的蒋委员长聪明地选择不理会那些对中央政府权力不形成威胁的地区叛乱（他曾说，其中绝大多数叛乱

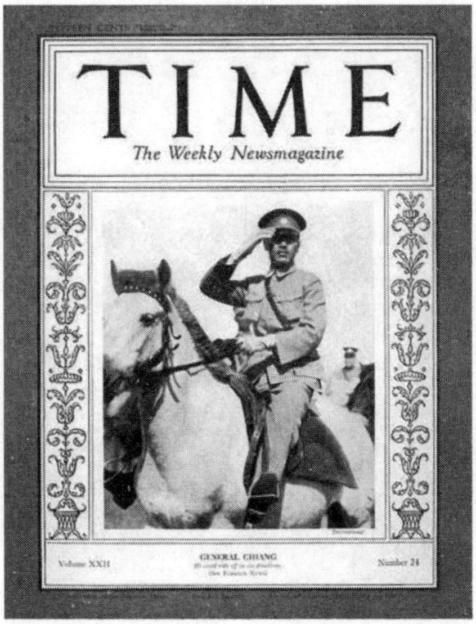

蒋介石于 1933 年第三次登上《时代》封面

的规模还抵不上芝加哥黑帮的火并）。（《时代》，1933 年 12 月 11 日）

从《时代》的叙述中可以看出，这个骑马人的威风只是表面的。因1931 年日本入侵东北而陷入困境的中国，依然风雨飘摇，在苦难中挣扎。对于蒋介石来说，环绕四周、令他头疼的，显然不仅仅是日本对东北的侵吞和伪满洲国的成立，还有几年来一直难以“剿灭”的共产党红色武装。复出的他，仍坚持采取“攘外必先安内”的方针。

美国要人眼中的蒋介石政策

距蒋介石复出不到 4 个月，《时代》的创办者、主编卢斯于 1932 年 5 月开始了重返中国的行程。这位美国传教士的后代，1912 年 14 岁时离开中国，这是他 20 年来第一次回来寻访自己的诞生地。

20 年来，无论世界、中国，还是卢斯本人，都发生了巨大的变化。1914—1918 年的第一次世界大战，彻底改变了世界格局。战后，奥匈帝国瓦解，红色的共产党苏联政权在崛起。从此，在“输出革命”的口号和世界革命理想的激励下，支持或反对这一红色政权的态度，几乎成了所有国家和地区冲突必不可少的背景，甚至起到决定性的作用。美国也超过传统列强英国、法国，一跃而为世界第一大国。这是卢斯所梦想的“美国世纪”的开始，他所做的一切，都是为了编织这一梦想。这一时期的中国，则经历了从清王朝崩溃向中华民国的过渡，一个个民国强人，孙中山、袁世凯、段祺瑞、吴佩孚、张作霖……在内乱不已的硝烟中一一走过。封建制度虽然被推翻，中国的统一和现代化依然遥遥无期。日本对东北的侵吞，更加重了中国的危机。

在这次重返中国的行程中，卢斯随身带着一些书和资料，都与中国和日本有关。他最大的兴趣是蒋介石，以及与之有关的宋氏家族。《卢斯和他的帝国》一书的作者写道：

> 从一开始，宋氏家族的故事就令卢斯为之兴奋并可能吸引他的一生。查理宋（宋美龄的父亲）从美国回到中国，作为一个向同胞传播美以美教的传教士，他又像一个商人一样创造了财富，并资助他的4个孩子，创造了极为惊人的奇迹。这4个人都与孙的继承人、努力统一中国的新强人蒋介石，有着政治或家族关联。当蒋与苏维埃俄国打得火热时，《时代》对他冷淡，只将之视为另一个军阀而已。但1927年是他一生中的关键一年——他与俄国人决裂，屠杀数以千计的共产党人；抛弃结发之妻，转而与美以美教徒宋美龄结婚。《时代》的态度随之发生改变，开始充分重视蒋介石，他的肖像上了封面。报道称，他正在读《圣经》，他欢迎基督教传教士到家中做客。1931年，他皈依美以美教。与此同时，马克思的思想也在中国发展。《时代》再度给他以荣耀，在此之前的10月，蒋和夫人一起出现在封面上，并以同情的态度报道他所面临的共产党和日本人的双重威胁。卢斯现在希望能更直接地认识宋氏家族。（《卢斯和他的帝国》，第93页）

此次来到中国，卢斯没有见到蒋介石，不过蒋委派宋子文特地乘飞机从南京到上海与之见面。卢斯很高兴能与宋子文会面。他在备忘录中记录说："他拒绝见任何人——除了《时代》和《财富》的主编。这两种杂志他都订购了。"卢斯的传记作者也写道："这位高个子的银行家、蒋的财政部部长，非常注意建立公共关系。宋正在欢迎一个重要的伙伴，一个他可能希望不需要巴结的人。"后来抗日战争期间形势的发展证明，宋子文这次重视卢斯的来访，与之结识并成为朋友，无疑是聪明之举。正是在卢斯的积极参与下，蒋介石政府在美国的募捐活动才开展得有声有色。

当时，有一位来自美国、生活在北京的亚洲问题专家，对在中国的所见所闻感到困惑和失望。他是欧文·拉铁摩尔。几年后，他受美国罗斯福总统的委派，再度来到中国，出任抗日战争期间蒋介石的政治顾问。拉铁摩尔在回忆录中这样写 1934 年前后他在北京的观感：

> 像那时生活在北京的许多其他外国人一样，我越来越感到沮丧。我认为，我们在北京认识的少数几个中国知识分子，似乎非常无能。他们所能想到的就是，“为什么美国人不能采取行动制止这种局势呢”或者“为什么英国人不能呢”，等等。他们对自己缺乏信心。至于被蒋介石控制的在北京为他效劳的军界和政界人士，他们认为当务之急是镇压共产党，认为镇压了共产党才能抗日。而包括我们自己在内的许多外国人的反应是：“为什么国共两党不能摒弃分歧，携手保卫自己的国家？一旦他们有了一个自己的祖国，就可以解决彼此的政治分歧。为什么在祖国遭到侵略时还要打内战呢？”（《欧文·拉铁摩尔回忆录》，第 43 页）

但此时访问中国的约翰·杜勒斯，却欣赏蒋介石“攘外必先安内”的方针：

> 当然，不是每个人都这么想。我记得大约在这个时候，约翰·杜勒斯出现在北京。他正以某个美国传教协会理事会的名义在整个亚洲旅行。我在美国大使馆的一次宴会上遇见他。他坚定地认为，要让国民党在解决中共问题之前抵抗日本侵略，那肯定是荒谬的。只有解决了中共问题，他们才能腾出手来干其他的事。杜勒斯的观点和蒋介石那时的看法完全相同。（《欧文·拉铁摩尔回忆录》，第 43 页）

约翰·杜勒斯后来鼎鼎有名。20 年后，1953 年，他出任美国国务卿，成为“冷战”时期最强硬的人物之一。他在外交场合拒绝与中华人民共和国总理周恩来握手的事件，成了中美关系跌入低谷的历史象征。（撰文：李辉）

蒋介石，从出拳到被拳击

在远东，苏日之间硝烟突起

1936 年 1 月 24 日，蒋介石成为《时代》封面上的人物。不过，这一次，他是一组人物中的一个，报道的背景是新年伊始在中蒙边界上爆发的苏日军事冲突，而参与者还有支持苏联的蒙古、支持日本的“满洲国”。

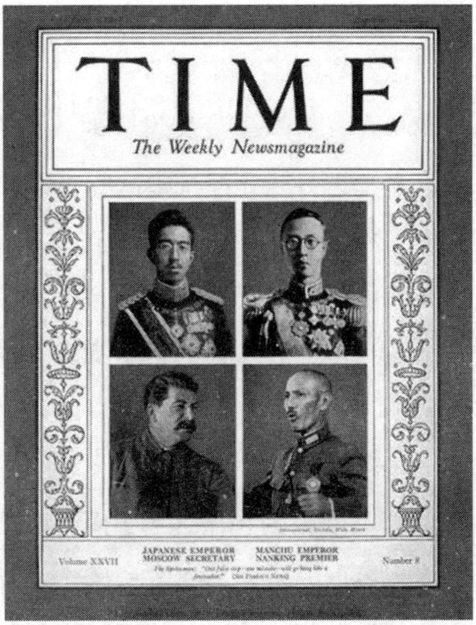

1936 年 1 月 24 日，蒋介石成为《时代》封面上的人物

于是，这一期的《时代》封面，用了这样一个简洁的概括，“东亚：苏维埃与帝国”；同时，封面图片中出现了几位人物：苏联的斯大林，日本的裕仁天皇，“满洲国”的溥仪，中国的蒋介石。

《时代》一开始就描述了在远东爆发的苏日冲突：

> 落后的、表情死板的蒙古人，上个星期突然全副武装，装备上了最新式的战斗机。在东亚腹地的漫长战线上，他们被认为能将苏联的势力与日本帝国的军队隔开。战斗中，有上千蒙古步兵和日本装甲车参加……
>
> 苏联一直不愿意还击。日本则对此早有观察。然而，上周，苏联的坦克突然投入反击。这一未曾宣布的战争，是在东西方每天都可能发生冲突的矛盾紧张中爆发的，具有历史性的意义。本周，蒙古人，他们的资助者苏联人，他们的仇敌日本人，都在这一突然爆发的重大事件中出现；卷入的国家有4个：日本、苏联、中国、“满洲国”。其实还有第五个：德国。（《时代》，1936年1月24日）

苏联与日本终于发生了军事冲突。对于许多中国人，无论国民党或者共产党来说，这都是一个好消息。甚至可以说，从1931年开始，这一天，中国已经等待了4年多。

早在九一八事变爆发之时，蒋介石、张学良等国民政府要员，另外包括许多知识分子，都希望国际组织和西方列强能出面干预日本的侵略行径。然而，中国很快就失望了。正在承受经济大萧条痛苦的西方各国，特别是新崛起的美国，无暇顾及远东的冲突。

对日本侵吞中国东北并策划成立“满洲国”的做法，这些国家除进行口头谴责和采取“不承认主义”外，没有做更多的事情。苏联则走得更远——美国等国对“满洲国”至少还采取了“不承认主义”政策，并在口头上尊重中国的领土完整；而苏联出于自身安全考虑，以及与日本在瓜分在华利益上的历史恩怨等原因，成为世界上仅有的几个与“满洲国”有“外交关系”的国家之一。苏联甚至还撇开中国国民政府，直接与“满洲国”谈判出售东北境内的中东铁路事宜。

几年过去了，随着远东前线炮声响起，中苏之间的一切不愉快，在1936年初似乎一下子就消失了。代之而起的则是苏联与“满洲国”、日本的关系近于冰点。苏日军事冲突是否会发展为战争？德国在未来将扮演什么角色？现状的严峻与未来局势的扑朔迷离，无疑值得世界所有媒体去关注。

国共关系从对抗到解冻

“中国在哪里？”——《时代》1936年1月24日在报道苏日军事冲突时，以这样的设问作为小标题，来叙述封面人物之一的蒋介石：

> 在上周发生的所有战斗和危机中，中国在哪里？蒋委员长的作用在哪里？目前南京政府的首脑又是谁？
>
> 几年来，蒋委员长一直在努力避免与日本或别的外敌对抗，而是继续派遣大量军队去全国各地与中国共产党作战。他取得了许多胜利，他的屠刀杀死了数以千计的共产党人。
>
> 在莫斯科，人们从未忘记，是共产党的经费、共产党的军事顾问，以及共产党的鼓动宣传，帮助了蒋介石的崛起。没有他们，或许蒋介石不可能成为总司令，进而征服全中国。他随后反对共产党，抛弃他的非基督徒的原配夫人，与毕业于韦尔斯利学院的一位美丽的、在《亚洲》杂志上发表诗文的中国姑娘结婚，他本人也皈依了美以美教派。（《时代》，1936年1月24日）

当苏日爆发军事冲突后，世界开始关注蒋介石是否会与苏联重归于好，其反共国策是否随之改变，但直到《时代》把蒋介石放在封面上的时候，外界还没有看到他的变化迹象：

日本正在进行的一场战斗，也是针对共产主义的。这正是蒋介石委员长多年来所进行的战斗。在苏联军队与帝国军队、南京政府及蒋委员长之间，可以看到他们的事业依靠于右翼而非左翼。右翼的主要支持来自日本帝国。但不少日本人认为，在最近的突发事件中，若蒋委员长认为可以得到苏军的支援而进行战斗，那么他可能会彻底改变立场，从而拥抱布尔什维克主义。

然而，上周，中国政府在日俄之间的大战中并未发挥作用，委员长兼行政院院长蒋介石，已与东京派来的新外交使节进行了沟通，相信双方彼此都表示满意。具有中国式讽刺意味的是，一个高喊抗日口号的中国激进主义学生代表团，最近却受到了蒋委员长的怒斥：

“你们既然说要打仗，那就参军去！”

如果参加蒋的军队，这些学生最有可能被派去对付共产党，极少有机会去与日本帝国打仗。(《时代》，1936 年 1 月 24 日)

中国在哪里？——中国在“解冻”中。

苏日关系恶化，最终爆发军事冲突，的确为蒋介石提供了改变国策、避免重蹈汪精卫覆辙的可能。恰如《时代》上述报道中所提到的一些日本人的担心一样，蒋介石开始了重新拥抱“布尔什维克主义”的秘密之旅。

实际上，国共关系的“解冻”之举，是在 1935 年冬天开始的。在随后几个月内，两党之间一次又一次重要的会面、决策，出现在历史场景中。最为重要的莫过于中共领导人周恩来，与蒋介石委派至西北地区指挥“剿匪”的总指挥张学良，在延安的秘密会谈。此时，延安是张学良的指挥部所在地，中共中央的所在地还在保安。周张会谈的结果，是双方秘密和解。在国共关系缓缓“解冻”的过程中，历史天平开始向中国红色的西北倾斜。时间将证明，这是具有历史转折意义的倾斜。

屈辱中的出拳

自九一八事变后，中国一直承受着日本造成的在军事、外交上的双重屈辱。这在世界目光里早已是不争的事实。因此，1936年11月9日，当蒋介石在一年内再次成为《时代》封面人物时，中国承受的屈辱，是《时代》首先报道的内容：

> 尽管中国的脸面一而再再而三地被日本羞辱，蒋委员长也没有改变基督教式的左脸挨打后再把右脸送过去的政策。他甚至命令警察驱赶和逮捕成百上千在北平、上海、天津举行抗日游行的中国学生……在日方要求下，中国史学家也将反日内容从教科书中删除。（《时代》，1936年11月9日）

不过，此时《时代》也看到了蒋介石在屈辱中的出拳，因此少有地以兴奋的笔调渲染中国在外交上对日本做出的反击——在许多中国人看来，它显然来得太迟，也显得远远不够：

> 目前，有一个关于中国的消息，令世界观察家兴趣浓厚地予以关注：中国终于挺起了脊梁，将对日本宣战。在过去6个月里，日本政府已做出明显姿态，以掩盖其咄咄逼人的好斗；而中国政府则开始表现出令人吃惊的大胆。东京与南京均有严格的审查制度，从而封锁了远东的这一特大新闻。然而，到了上周，渐为人知的情况是，中国的行政院院长、委员长，这位最轻量级的拳击手，在他迎来五十大寿之际，为他的国家打出了重量级的一拳。这是中国聪明的出拳，可能会将对手击倒，从而结束南京政府近10年来一直奉行

1936 年 11 月 9 日，蒋介石在一年内再次成为《时代》封面人物

的忍受屈辱的政策。

……

在东京，外务省、军部、贸易部之间一直不和。蒋委员长越是成功地统一中国、购买美国战斗机、悄悄地修筑战壕，日本战争机器获得胜利的可能性就越小。今年夏天，日本军界急于挑起新的战争，迫使外务省向南京派出大使川越。中国人十分厌恶他，仅仅几个月前，他还在天津任日本领事，四处搞干涉，公然鼓励日本人、朝鲜人搞走私。他宣称："我发现我们有法律，把向日本走私货物视为犯罪，但我没有发现任何一项日本法律规定日本人或朝鲜人向中国走私货物是犯罪。"

当川越大使气势汹汹地乘坐日本军舰抵达中国时，蒋介石离开了南京，前去争取南方的联合。这样一来，日本官员就有了充分的时间来大喊大叫："不必废话！如果中国不满足我们的要求，日本将采取行动！"

让日本大使吃惊的是，当他向中国外交部长张群将军提出要求时，遇到了相反的要求——受尽屈辱的中国，这些年从未提出过的要求。中国一种新的精神已经出现……更让日本感到难受和吃惊的是，独裁者蒋回到南京后，拒绝与日本大使谈判。他多次接见日本使节，而且非常客气，但他坚持必须由外交部长张群来处理外交政策和谈判。在哑剧一般的外交中，日本的脸被客客气气地抽打了。(《时代》，1936 年 11 月 9 日）

在外国媒体眼里，几年来，在日本人面前总是唯唯诺诺的蒋介石和中国的外交官，这一次少见地表现出强硬态度，以特殊的冷落方式，开始了新的外交策略和风格。看惯了中国以往的屈辱，这无疑是令他们惊奇的变化。难怪《时代》把这称作“中国聪明的出拳”。

从五十大寿到西安事变

仅仅略有变化、主动出拳的蒋介石，被《时代》描述得似乎胸有成竹、前景一片光明。此时，1887 年出生的蒋介石年满 49 岁，按照中国传统，也是庆贺五十大寿的时候。于是，在《时代》里，我们看到了在南京围绕他的五十寿庆而渲染的特殊气氛，并以“生日炸弹”为小标题，来突出祝寿与准备对日宣战的关系：

> 在庆贺院长五十大寿之际，南京举行了最具战争气氛的游行。如果战争可以用宣传画来宣布的话，中国上周就以到处悬挂的巨幅宣传画宣战了。在南京的宣传画上，蒋委员长登上长城之巅，手挥中正剑，指挥中国军队跟随他越过长城，向日本占领的“满洲国”挺进。独裁者的基督教生日蛋糕不是插着 50 支蜡烛，而是 50 架外国制造的最新式轰炸机。这是中国民众送给蒋介石的生日礼物——苦力捐铜钱；银行家捐银圆；祝寿飞机基金募集到大量资金，政府希望能够用这笔钱再购买 50 架战斗机。南京还流传着一条未经证实的消息：“蒋秘密建造了一座世界上最大的毒气工厂。日本已经获悉此事。”（《时代》，1936 年 11 月 9 日）

从上面的引文看，这或许是蒋介石几年来最为得意的时刻。然而，无论如何他也没有料到，他的演说余音未息，1 个月后的 12 月 12 日，在屈辱中挣扎数年的少帅张学良“出拳”了——他在西安发动“兵谏”，把前来责怪他“剿匪”不力的蒋介石及其随行人员全部扣留。

要说出拳，西安事变才是1936年中国真正重量级意义上的出拳。它彻底改变了中国历史的走向。

1936年12月28日出版的《时代》，大篇幅报道了西安事变。这一次，封面人物选择的是日本裕仁天皇，而非西安事变的主角蒋介石和张学良。画面上，突出的是炮口冲天的大炮，在大炮下面走过的裕仁及其随从，显得格外不起眼。显然，《时代》强调的是虎视眈眈和黩武主义的日本，在更焦虑地关注着西安发生的一切，以及这可能引发的中国对日本的全面抗战。

张学良石破天惊的出拳、“兵谏”真相、蒋的生死、中国局势前景。西安的一切，牵动着所有人的心。中国将不再是过去的政治格局了。对抗多年的国共两党，终于公开和解，就组成抗日统一战线开始了谈判。

1937年的中国，以全新的面貌向世界走来。（撰文：李辉）

蒋介石有五大毛病

踏进杨天石的办公室，觉得这个高大的老者几乎要被密密堆积的书本淹没。到处是书，架上案头，墙脚凳边，书架间挪出一线小道通向门口，容不下两人并肩行走，桌边只留下狭小的空间放了两个凳子供来访者落座。杨天石嵌在书堆里，向笔者追溯自己过去25年研究蒋介石日记的历程。在谈话中，他不时地随口引用史书中的某些章节，为了指明出处，他时时起身，三两下从书堆中抽出刚刚引述的那本书，略翻几页，指给笔者看："就在这里，我刚才告诉你的那段话。"

"史实叙述的准确和观点表达的准确"，是史学界对杨天石的评价。正是这种治学态度，让他在历史学界享有很高声誉。就研究领域而言，杨天石贯穿了晚清史、近现代史和当代史，对中国古代史也有涉猎。在这些领域当中，蒋介石研究和抗战史研究是重点，尤其是蒋介石研究，他用力最多。

阅读蒋介石日记的大陆第一人

2008年7月，杨天石按计划又要去美国斯坦福大学的胡佛研究院继续

蒋介石从 1915 年开始记日记，直到 1972 年卧病不起才中断

阅读蒋介石日记。胡佛研究院已经将蒋介石日记从 1918 年公布至 1945 年，这期间的内容，杨天石已经全部看完了。

杨天石清楚地记得，胡佛研究院 2006 年宣布向公众开放蒋介石日记，同时邀请杨天石赴美阅读、研究这些日记。3 月 31 日是日记开放的第一天，杨天石唯恐人多占不到位置，一大早就在门外守候，可等到八点一刻开馆时，杨天石左右看去，只见到寥寥数人，“这部日记，在大陆学者当中，我恐怕是第一个读到的”。

蒋介石从 1915 年开始记日记，直到 1972 年卧病不起才中断，除去其间丢失的 4 年，保存下来的共有 53 年的日记，几乎一天不落。“中国，乃至世界的领导人中，没有人有这么长的日记，这是罕见而了不起的现象。”

1975 年 4 月 5 日，蒋介石在台北去世，日记留给了长子蒋经国。1988 年 1 月 13 日，蒋经国辞世，将父亲和自己的日记交给三子蒋孝勇。1996

年，蒋孝勇离世，两蒋日记由其妻蒋方智怡保存。2004 年 12 月，蒋方智怡代表蒋家将这些日记暂存胡佛研究院，期限 50 年，蒋家可以随时取回。其中蒋介石的日记从 1918 年至 1972 年止。这些日记的原件皆用毛笔书写，运抵胡佛研究院之初，由于年代久远，纸张全部发黄，并且受到水渍、发霉的损坏。负责馆藏的技术人员对日记纸张除潮除霉后，放入恒温档案库中，并用高质量的 35 毫米胶卷逐篇拍摄，再把这些缩微胶卷，以 A4 大小的纸张影印出来。

日记原件存放得极为严密，一般人不得靠近，档案馆馆长和另一位负责的馆藏人员各持一把钥匙，两个人一起才能打开库门，而即使进入档案库，哪怕是蒋家后人也不能接触原件，只能提取复制件。

杨天石看到的就是蒋介石日记的缩微胶卷影印件。按照规定，杨天石不得对日记进行翻拍，只能使用阅览室提供的纸和笔进行摘录。第一次去，杨天石在那里待了两个月，翻阅并摘录了 1918 年到 1931 年的内容。2007 年 7 月至 10 月，他第二次到胡佛研究院，继续研读蒋介石日记。而 2008 年这一次，杨天石希望能看到最新公布的日记内容。

蒋介石日记可以说是他的反省录

杨天石对蒋介石日记的搜寻始于 1983 年。在胡佛研究院的日记开放以前，杨天石便奔走于南京、台北等地，查阅蒋介石日记的类抄本与仿抄本，但这些版本毕竟都是摘录，直到 2006 年日记原版公布，才了却了杨天石的诸多遗憾。

杨天石称，蒋的日记可说是他的反省录，“读蒋介石的日记，很明显就可以看出来，他主要是写给自己看而非为了将来备忘或者出版，其中记录了他许多真情实感。蒋介石早年每天静坐，反省自己干了什么坏事，有什么坏念头，晚上就在日记上写下来。蒋介石好色，有一次逛街时对面走

年轻时的蒋介石

来一个女孩，蒋一看，哟，这个女孩挺漂亮，心里动了一下。他在当天的日记里写道，‘见艳心动，记大过一次’。在认识宋美龄之前，蒋日记里这样的内容，是很多的”。

“曾有记者要我用几个字概括蒋介石的一生，我做不到，但我能总结他五大毛病：好色、暴躁、多疑、孤僻、自恋。”自恋这一条，是杨天石后补上去的。蒋介石在日记中自视甚高，认为中国有了自己才有希望，评价自己军事才能超过孙子，文才纵横天下。杨天石说：“因为他无比看好自己，所以就什么事情都管，细到重庆的垃圾应该堆在哪些地方，木板床里的臭虫如何消灭，甚至女孩子头发的长度，他都要过问。和国民党中央宣传部部长吃饭，蒋认为他吃相太难看，也在日记里写，‘我要跟他打招呼’。”

蒋介石对打仗更是事事都管，引来了不少麻烦。1944 年日本发动 1 号作战，蒋介石直接把电话打到团长、营长跟前。河南战区的司令官蒋鼎文几分钟就接到蒋介石一个电话，一会儿指示这样打，一会儿又指示那样打。蒋介石在日记里写道：“我感到蒋鼎文都不耐烦了。”为了打电话，蒋介石凌晨 3 时就起床，连宋美龄都觉得他太累，可蒋介石认为，这个电话不打不行，否则仗就打不好。

手下的党政军干部，没有一人可以入蒋介石的眼，但他对科学家和工业技术干部赞赏有加。一次接见完一批工业技术人员后，蒋介石高兴地说：“中国还是有人才的。”杨天石笑道：“为什么他对这些领域的人会欣赏，因为他不懂。”

尽管蒋介石自我反省了50多年，有些毛病却一辈子都没改。蒋介石脾气暴躁，多次打骂身边的人，从士兵到警卫员，甚至自己的原配。每打一次，他就检讨一次，但屡犯屡检讨，屡不改。此外，蒋介石的孤僻任性，也令人吃惊。孙中山早年没有根据地，到处漂泊，所以孙中山很想找一块根据地，培养一支军队。他看中了福建一块地方，就把蒋介石派去了，可蒋到了那个地方三天，就拂袖而去，最终也没把根据地建起来。这种情况不止一次发生，但蒋介石总能给自己找到一个理由，要么是别人忌妒他，要么是环境不好。

日记中很多内容令人惊讶

作为研究蒋介石多年的学者，杨天石也常常在看日记时感到很惊讶，“我说出来很多人都觉得难以置信。蒋介石在日记里写，曾经想把国民党改名为中国劳动国民党，入党人员须是农民或革命军人；他还写准备用三年时间培养十万干部，每个干部必须下乡三年；军队要给农民种地。还有更让人不能相信的，他写知识分子要和工农相结合，理论要和实践相结合。这些不是他在骗人，因为他没有发布，只是记录在日记里了”。

“蒋办了个党政培训班，开学第一天，他拟定题目做问卷调查，其中一个问题是：‘为什么我们国民党处处赶不上共产党，为什么大学教员都反对本党？’延安开中共七大，他读到七大制定的党章，把其中两节完整地抄在日记里，一节是《党员与群众》，一节是《上级与下级》。他认为这两段写得太好了，‘读了得益匪浅，本党必须要奋起急追，否则消亡无日’。”

杨天石发现，蒋介石一直对国民党的问题有清醒的认识，也想改造。国民党军队上层腐败，士兵生活困难，蒋介石日记中记录，他在重庆看到国民党的士兵，穿得比乞丐还破，羞愤得几乎要自杀。蒋介石曾决心向共产党一样实行土改，并在日记中拟订了数个方案，他也曾一度在全国推行“二五减租”，但只有他的老家浙江省在激烈的势力博弈中施行了一段时间，最终悄无声息地叫停了。

对蒋介石的认识不能一面倒

杨天石 1960 年毕业于北京大学中文系，其后 18 年都在中学任语文教员。文学一直是他所爱，1978 年迈进中国近代史研究所时，杨天石还在想：“我在这里编几年史书，然后还回头搞我的文学去。”可是，任何学者一旦踏足近代史，就如同踏上了不归路——资料浩如烟海，即使穷尽一生，恐怕也难以看完了。

杨天石参加编写中华民国史，他主张，要编好这段历史，就必须深入研究蒋介石，“蒋活了 88 岁，一生经历了中国诸多历史大事件，从辛亥革命、北伐战争，到国共十年战争、抗日战争、三年内战，以及他退据台湾。在近代史研究中，蒋是牵一发而动全身的人物”。

市面上出版的有关蒋介石的评述、研究多种多样，杨天石却迟迟不肯动笔，“我的习惯是主要资料不看完不动笔，蒋介石的日记我还没有看完”。对蒋介石研究最多、最著名的学者当数李敖，其最著名的著作是和弗吉尼亚大学教授汪荣祖合著的《蒋介石评传》。李、汪原本邀杨天石一起合作。起初杨天石应承了此事，但终究没有动手，“一方面我太忙，另一方面我即使写了，观点也会和李敖先生不一样。李敖曾被蒋关进监狱多年，他在序言里说了，这本书是复仇之作，那他就不大容易冷静、客观，而作为史学家，最重要的就是冷静、客观。”

1995 年，杨天石赴台参加纪念抗战胜利 50 周年研讨会，那次会议大陆去了 31 名历史学家，当时一位台湾的年轻学者开玩笑地说“‘共匪’来了”。杨天石闻听，在会议闭幕式上发言：“过去，国共两党彼此都叫对方为‘匪’，历史证明，两方都不是‘匪’。”杨天石其后又在文章中阐释，国民党历史上也曾经是一个爱国的政党、革命的政党，蒋介石也曾经是革命者。因为这些言论，杨天石曾一度受到多方责难。

至今说起，杨天石依然神态坦荡。“我只是讲事实而已。对蒋介石的认识不能一面倒。他反清，辛亥革命时，是进攻杭州巡抚衙门的敢死队队长；他反袁，曾是山东讨袁队的参谋长；他反陈炯明，在孙中山危急时刻赶到福建支持他；他建立黄埔军校，北伐……国共之间的仗打了十多年，海峡两岸对峙60年，统一是民众的愿望，也是民族复兴的必需，当前更应该对历史中的蒋介石和国民党做出公正全面的评价。”杨天石笑了笑，又补充说道：“历史学家要坚持实事求是，还原历史就可以了，不需要也不应该为需要而编造历史。鲁迅说相逢一笑泯恩仇，这是写诗，恩仇不是一笑能笑掉的，要靠我们有勇气直面历史。”（撰文：路琰）

蒋孝严：不要让分离主义的气焰高涨

他的父亲是蒋经国，祖父是蒋介石，因为是非婚生，他和孪生兄弟徘徊在蒋家门外达半个世纪之久，光“敲门”就花了46年……这个人，就是蒋孝严。

“虽然我进门的时候，门里面已经空无一人。蒋家的人已经故世了，我爷爷、我父亲。但是我内心还是充满了喜悦，因为从此以后，我的孩子以及他们的孩子，都不用徘徊在门外。”在自传体《蒋家门外的孩子》一书中，蒋孝严满含深情地这样写道。

身为中国国民党副主席的蒋孝严频频访问大陆，从寻根问祖到经济文化交流，为两岸和平共处献计献策、奔走呼吁。2012年11月7日上午，笔者在台北国民党中央党部副主席办公室里采访蒋孝严。他的办公室陈设极其简单，中间一张宽阔的大办公桌，靠墙是一排书柜；挨着墙放着一套小沙发，茶几上放着祖父和父亲的合影。蒋孝严精神饱满，笑容满面，眉宇间颇有其父风采。

孤儿竟是蒋家人

蒋孝严因奇特的身世曾被人们称为“乞丐王子”。

1937年，从苏联回来不久的蒋经国被父亲蒋介石派往江西南昌，因工作关系，他结识了秀外慧中的章亚若。不久，两人相恋。不过当时，蒋经国已与蒋方良结婚三年。1942年1月，章亚若在桂林生下一对双胞胎，这两个非婚生孩子只能随母亲的“章”姓，名字定为“孝严”“孝慈”，与蒋经国的其他儿女一样是“孝”字辈。蒋经国和夫人蒋方良则育有三子一女，即蒋孝文、蒋孝武、蒋孝勇以及女儿蒋孝章。目前，除蒋孝章和蒋孝严外，蒋经国的孩子皆已过世。

孝严兄弟俩七个多月大的时候，母亲章亚若离奇死亡。自此，两兄弟由章亚若的弟弟章浩若及其妻子纪琛抚养，舅舅及舅妈在官方文件上登记为两兄弟的生父母。1949年，在蒋经国的安排下，蒋经国得力爱将王升带着孝严兄弟和其外婆、舅舅等人辗转厦门来到台湾新竹。在新竹，章孝严兄弟生活在外婆和舅舅、舅妈的关爱下，把舅舅和舅妈当作父母，而王升将军每周会过来给他们送生活费。

章孝严读初中的时候，生活费突然被中断了。章氏兄弟的初中高中生活就变得非常艰苦，两人甚至去米店赊米糊口。1958年，章孝严读高中二年级的时候，有一天晚上，外婆把兄弟俩叫到跟前，手上拿着一张早已泛黄的照片，上面是一位灵秀端庄、面带微笑的少妇。外婆用颤抖的南昌话告诉

1966年，章孝严（右）、章孝慈服完兵役后，在台湾新竹外婆的灵骨塔前合影

他俩："这是你们的娘，她死得好可怜。你们本来姓蒋，是蒋家的人……你们的爹是蒋经国！"

"蒋经国"三个字强烈地震撼了兄弟俩，对他们而言，"蒋家"是高高在上的另外一个世界里的人。身世的不幸和生活的窘迫激励着两兄弟发奋读书。1960 年，兄弟俩均考入台湾东吴大学，后来又前往美国读书，章孝严获得乔治城大学理学硕士学位，章孝慈获得杜兰大学法学博士学位。1974 年至 1977 年，章孝严在台湾地区驻美国华盛顿"大使馆"工作，之后回台湾进入"外交部门"。

章孝严从未放弃对父爱的渴望，叫一声"爸爸"成了他最大的心愿，然而，他始终没有如愿。1988 年 1 月 13 日，蒋经国逝世，半夜 11 时多，同父异母弟弟蒋孝勇带着章孝严和章孝慈，赶赴石牌荣民总医院怀恩堂冰柜前瞻仰父亲遗容。

父亲去世后，因政见不同，平时与章孝严关系很好的蒋孝勇开始与他日渐疏远，这预示着章氏兄弟"回家"之路将漫长而艰辛。但是，对于章孝严来说，认祖归宗的愿望日益强烈。他曾经去求助宋美龄，却被屡次拒见。

2000 年 8 月，已辞去公职的章孝严和夫人回到浙江奉化祭祖，开始了回归蒋家之路。祭祖归来，章孝严去看望王升将军，王升将军出具证明："一、章孝严先生确为经国先生之亲生子，母亲为章亚若女士。二、出生后，章孝严及其双生兄弟章孝慈之有关生活费用，均系由经国先生所提供；其中若干部分，曾由本人亲自转交予章孝严的外婆及舅舅。经国先生对其亲生子章孝严及章孝慈确有扶养之事实。"

之后，章孝严前往南昌，找到舅舅章浩若的两个孩子，由他们来证明，章浩若与章孝严只是舅舅和外甥的关系。再就是前往美国洛杉矶，找到舅妈纪琛，从她头上拔了几根头发，带回台北做 DNA 鉴定，证明舅妈不是他的母亲。最后前往桂林，找到当年出生的医院，证明 1942 年在这里出生的两个孩子，母亲是章亚若，并由台湾海基会、大陆海协会进行了公证。

2005年7月2日，蒋孝严偕夫人黄美伦参观三峡大坝，称赞"三峡工程是世界一流"

2002年12月12日，经过一系列的法律程序，60岁的章孝严终于实现认祖归宗的愿望，取得新的身份证，父亲栏更正为蒋经国，母亲栏为章亚若。2004年12月15日，蒋方良在台北逝世。三个月后，蒋孝严再次领到了新身份证，这一次他正式将姓氏改为"蒋"。2005年4月7日在浙江奉化，蒋孝严首次以蒋家子弟身份参与了蒋氏家族的清明祭祖，为他60年的认祖归宗之路画上了一个圆满的句号。

20世纪90年代，蒋孝严任"外交部"政务次长，后到"行政院"工作，曾任李登辉时期"总统府秘书长"。2008年11月，他任中国国民党副主席至今。

谈家族：等到蒋家不当权才改姓

笔者：您见过老蒋先生吗？

蒋孝严：我们没有以祖孙的关系见过面。我在当兵的时候，他去阅兵，我站在第一排，看到了他，也不是特意安排的。我见我父亲也不是以父子关系见的，当时他是"行政院院长"，我作为"外交部"官员参加一个酒会，远远看到他，他也看到我，目光接触，他当然认得我，那时候感触万千。我多想上去叫他一声“父亲”，可是不敢这么做。

笔者：在《蒋家门外的孩子》一书里，您生动感人的笔触打动了我们。能介绍一下认祖归宗的心路历程吗？

蒋孝严：我在读高中的时候知道自己是蒋家人。其实我们小时候就姓蒋，后来因为母亲过世，母亲的死又有很多疑团，家里有点害怕，所以上学的时候就从母姓。我跟弟弟知道身世后，就准备遂了母亲的遗愿认祖归宗，但是出于各种原因没有办法进行，尤其是采取这个行动对父亲不妥。父亲去世后，我就开始行动了。2000年，我到浙江奉化祭祖，这是我认祖的第一步。直到2004年12月蒋方良女士过世，我才从父姓，改名蒋孝严。这期间有顾虑，更有对蒋方良女士的尊重。整个心路历程就是这样子，我是等到蒋家不当道、不当权才改姓蒋的。

笔者：改姓之后您有什么变化吗？从蒋家继承了什么样的政治遗产？

蒋孝严：我还是我，没什么变化，多了一份责任，因为大家都知道了我是蒋家后代。不改人家也知道，改了之后更清楚了。我们中国人讲名正言顺，言不顺事不成啊，所以改姓就是一个责任。所谓政治遗产，得是在蒋家当权的时候抢这个政治光环。在陈水扁“去蒋化”的时候，蒋家身份还是一个包袱，但整体讲，蒋家身份对我的影响是积极的、正面的，蒋家在中国历史上的地位是很重要的。确切地说，我没有从蒋家继承了什么政治遗产，而是继承了一份很重要的责任。

笔者：您对两蒋（蒋介石和蒋经国）移灵一事怎么看？

蒋孝严：我想这个事情牵涉比较广，移灵有两个方向。一是从现在的地方移到五指山公墓，这个我是反对的。当时是因为民进党执政，有人担心他们反蒋会破坏慈湖（蒋介石陵墓所在地）和头寮（蒋经国陵墓所在地）

的陵寝，我觉得是多虑了，台湾再怎么样也不会出现这种情况。另外我也去看过五指山公墓，毕竟是公墓，无法彰显两位先人在中国历史上特殊的定位。第二个主张是移到大陆，包括移到浙江奉化和南京正气亭（蒋介石生前有意把这里作为百年后的安息地），我觉得这要找适当的时机。而且大陆会觉得时机成熟吗？万一真的移过去的话，我们会要求高规格的葬礼。当然，我没有正式提出来。坦白跟你讲，我还到正气亭去看过。

笔者：作为蒋家后代，您担任国民党副主席，有没有特别感受？是否研究过祖父和父亲治理国民党的得失？

蒋孝严：现在与两位先人所处的整个时代背景不一样了，我不能跟他们比。祖父当政时，国家处于外敌侵略，他把国家统一起来；父亲到台湾来，也是在非常困难的情况下带领台湾走向经济发展。基本上是时势造英雄。是什么时势？当然是困难的时势造英雄。包括大陆领导人，也是在极端困难的情况下建设国家，他们了不起。

我很高兴地看到，最近几年大陆变化很大，对我祖父的定位也很不一样了。我最早看大陆电视剧，国民党军都是帽子戴得歪歪的，衣服穿得很别扭，被丑化了。现在的电视剧里，国民党官兵都穿得很帅气，像个部队了。大陆也肯定国民党军正面抗战的功绩，这表明大陆的自信心提高了，我觉得有自信才会勇于面对历史。台湾也一样，以前丑化共军，叫“共匪”，漫画也把你们的帽子画得歪歪的，讲土八路什么的，现在没有了，也不叫“匪”了。两岸都很务实。

你提到我的祖父和父亲，他们在历史上的定位是非常明确的。我担任中国国民党副主席，这是一个责任，也是一个荣誉。能够在两岸关系上做一些贡献，这是我非常大的自我期许。

笔者：您反对子女从政吗？

蒋孝严：我有两个女儿和一个儿子，两个女儿对政治没有兴趣，儿子蒋万安在美国做执业律师，很优秀，他对从政不排斥。我完全尊重孩子们的个人意愿，万安可能 2013 年回台湾。我建议他，在美国可以生活几年，但是你毕竟要踏实地站在中国的土地上成就事业，在国外做的只是工作而已，没有办法创造历史，要创造历史必须在中国的土地上。我觉得他有从政的可能性。

谈大陆：每个地方都给我不同的感受

笔者：您在大陆很多地方都生活过，能说说它们对您不同的意义吗？

蒋孝严：每个地方有很不同的感受。桂林是我出生的地方，也是我母亲过世的地方；奉化是我的祖籍所在地，是我先人出生的地方；台湾是我成长的地方，从 7 岁成长到现在，也是最有感情的地方。我上次在北京就讲过，像我这个年龄层的人都经过中国的动荡，在很多地方住过，像贵州我也住过，在铜仁住过一年多。

不管我是浙江人、广西人、贵州人，还是台湾人，我都是中国人。很多台湾人说他不是中国人，这就很奇怪了。

笔者：2012 年 10 月，民进党中常委谢长廷先生访问大陆，有个感受是大陆没什么中华文化，反而台湾保留得比较完整。您怎么看？

蒋孝严：这个批评我很难接受。大陆文化在“文化大革命”中确实是破坏了一些，但不能说没有中华文化，尤其是现在，（大陆）正在把过去失去的东西找回来，在努力中，可以看得出来。对台湾来讲，中华文化是保留得相对完整，因为大陆在破坏的时候，我们成立了中华文化总会，推广中华文化。完整性不必谢长廷先生讲，很多大陆乡亲来台湾都有这个感受，但不能说中华文化在大陆就不存在了。

笔者：莫言获得诺贝尔文学奖后，您说希望他有时间到台湾交流，您对他发出正式邀请了吗？

蒋孝严：这件事还没有进展。莫言先生获奖消息公布时，我恰好在山东参加一个文化活动。听到他获奖的消息，我很高兴。我曾说过，经济能使一个国家壮大，军事能使一个国家强大，但只有文化才能使一个国家伟大。莫言获奖是中国人的光荣，他是道道地地的中国人，跟高行健不一样。我希望有一天莫言先生真的来台湾访问，进行一些文学方面的交流，让大家分享他在文学方面独到的成就。

笔者：作为蒋家的后代，您一直致力于两岸沟通和交流，两岸春节包机就是您一手推动的。

蒋孝严：在两岸关系上，我很早就觉得应该出点力。我在 2002 年提了一个报告，希望从台商需要的春节包机做一个突破，因为我在外交界服务过，对包机的概念很清楚，包机不需要航权，不需要两个政府签署协议，当然政府要同意。2002 年我到大陆和香港，见了很多人，大概 10 天时间跑了 11 个城市。但当时民进党执政，春节包机推动起来非常困难，当时的“行政院院长”游锡堃坚决不同意，说台湾飞机可以去大陆，大陆飞机不能到台湾来。他们担心台商一下飞机就变成解放军了，或者飞机后面跟着米格战斗机。现在看来，这完全是无稽之谈。后来民进党也觉得两岸直飞不可挡，但提出了条件，台湾飞机飞过去，大陆飞机不能飞过来。我只好再去大陆找国台办，跟他们说就让台湾一步吧。

到最后，包机成行的时候，民进党来抢成果。台湾飞机首次直飞大陆的时候，民进党让海基会的人坐上去，不让我跟着。对于我个人来说，这是无所谓的。

谈两岸关系：不设时间表

笔者：您觉得未来两岸关系的突破点在哪里？

蒋孝严：目前来看，无所谓什么突破点。如果两岸关系有停滞不前，才有所谓的突破，但现在整体来讲，各方面的关系都在发展、强化当中，目前阶段就是考虑如何把它深化，把它更深一层地落实。

回顾以前的两岸关系，20 世纪 90 年代中期出现过问题，因为李登辉到美国“访问”，1996 年和 1997 年两岸关系就紧张了，两会协商都停了，那个时候我们就在寻求突破。

2000 年，陈水扁刚上来的时候两岸关系还好，但后来他提出“一边一国”论，两岸关系就停下来，并且更紧张了。大陆要听其言，观其行，到后来他搞“台独”，大陆就认定他在破坏两岸关系。那时我们也在寻求突破点，春节包机就是在那个氛围里的一个突破。现在来看，两岸关系进展还蛮平顺的。至于两岸政治谈判，不是最近才提的，很早很早就有这个呼吁和期盼了。在这个问题上，双方要具有高度的智慧，很多东西是需要循序渐进的，两岸现在有这个共识，先易后难，先经后政，搁置争议。我觉得很多事情可以水到渠成，光喊是没有用的，也很难设定一个时间表。

笔者：作为执政党国民党副主席，您如何看待两岸政治谈判的前景？

蒋孝严：台湾的情况跟大陆是有差异的，比如说所谓党对党的谈判，在你们的概念里是可行的，就是执政党跟执政党。可是你知道台湾有多少个政党吗？ 121 个，成立政党很容易，只要年满 20 岁，没有任何违法记录，有 30 个人联署，就可以成立一个政党。当然一些小党没什么政治影响力，目前台湾真正有影响的是国民党和民进党，还有亲民党和新党。在这种情势下，国民党虽然在“立法院”是多数，但和民进党的差距不是很大。一件事情我们提出来，民进党可以为反对而反对，不是为了对错而反对，这种例子太多了。作为执政党的国民党，在准备跟大陆谈判的时候要考虑台湾内部是不是已经形成了这个共识和氛围，否则后面的一些反应或政治上带来的震荡会看不清楚。

我觉得大的趋势是很清楚的，两岸和平的情势是台湾民众和大陆民众都希望的。我们现在要想办法把它稳定住，而且要做到持续性，做到不可逆转。台湾政治要面临每四年一次选举，将来不管谁上台，这个不可逆转性要确保。

笔者：那么，台湾内部对于两岸政治谈判的顾虑是什么呢？

蒋孝严：前不久，有媒体问马“主席”要不要到大陆去访问，他没有排斥，但是有一个问题要解决，就是以什么名义，“中华民国总统”和国民党主席两顶帽子要同时戴着。在跟大陆接触时，台湾民众要求四个字、两样东西，一个是对等，一个是尊严。这就需要大陆和台湾双方的智慧了。

关于政治谈判和政治协商的步调，我是主张快比慢好，可是也不能急，所谓快和慢是相对的。怎么样让台湾民众、中国国民党党员和其他重要政党的成员感觉到这个谈判是对等的，否则进行起来，台湾话叫作“你吃饭吃快了，碗会打破的”。

笔者：但也有这种担心，从李登辉到陈水扁，台湾分离主义倾向越来越严重，这种情况下，两岸如何迈向统一？

蒋孝严：这未必。你看民进党内部对两岸问题也有不同声音和不同动作，包括谢长廷到大陆访问，可以看得出来他们在做一些反思和检讨，即对大陆的议题是不是采取比较务实的做法。所以，随着时间的推移，未必一定是分离主义越来越强。

笔者：但是民调显示，承认自己是中国人的台湾人比例在不断降低。

蒋孝严：主张“统”和主张“独”的比例，是随着时间在改变的。以前这两类人所占的比例很大，像哑铃的两边；现在两头小了，变成一个橄榄形，即“极统”和“极独”的人少了，主张维持目前现状的人多了。实质上，两岸已经在进行无形的社会统合，大陆嫁到这边来的和台湾嫁到那边去的人越来越多。我们把大陆嫁到这边，或者娶这边的女孩并定居的人，越来越看作自己人，不要还不如外国人。以前外国人在台湾拿身份证四年就可以，大陆人要八年，现在变成六年，最近还要变成四年。

两岸目前的交流很广泛，甚至有人说统一后是不是和现在一样呢，会比现在多什么呢，能多多少呢？当然还是有差异，统一之后很多问题包括两岸军事对峙都可以处理和解决掉，更重要的，就是不要让分离主义的气焰随着时间高涨。

笔者：有分析认为，谢长廷访大陆后民进党开始和大陆交流，国民党与大陆打交道的优势在减少，您怎么看？

蒋孝严：其实也没什么优势不优势的，该做的事情大家都要做。我觉得这对两岸关系的整体发展是正确的，而且是有益的。民进党有所改变，多了解一下大陆，这对降低分离主义说不定是一个釜底抽薪的办法，让它了解分离是不切实际的，有什么不好？至于我们执政，也不是单单靠这一方面。国民党要展现施政的成就，建立民众对国民党的信赖感，我们还有很多强项。

笔者：最后，您能用一句话概括自己是怎么样的人吗？

蒋孝严：这个不能由我来说，基本上讲，我觉得自己是一个爱国主义者。（撰文：吴薇）

郝伯村谈蒋家父子

他被称为台湾的“第一军事强人”：参加过抗日战争、国共内战，担任过蒋介石的侍卫长，后成为台最高军事将领“参谋总长”。他也是台湾政坛少有的军人出身的“行政院院长”，但因反对李登辉的“台独”主张，愤然辞职。他就是郝柏村。2013 年，当笔者与他在台北的办公室会面时，郝柏村依旧不减当年的军人做派，虽然有一点耳背，但步履稳健、声如洪钟、思路清晰，历史上重要的人名、日期，也是随口而出。

两蒋的得力干将

郝柏村 1919 年出生于江苏省盐城郝荣庄，哥哥和姐姐夭折后，他成了家中长子。1935 年，郝柏村考取了常州中学高中部。因家境并不宽裕，他放弃了念高中的打算，到南京报考了免收学费的陆军军官学校，也就是黄埔军校。经初试和复试，被录取为军校第十二期新生。

抗日战争全面爆发后，军校加快教学步伐，学习时间缩短，与郝柏村同期的 700 余名学生在 1938 年初提前毕业，校长蒋介石主持了毕业典礼。之后，学校特批了 10 天的假期。郝柏村在离家 3 年后，终于回家探望了父母。那次收假前，他们全家特意照了全家福。郝柏村说，当时要回军中了，不知什么时候再回来，所以留个念想。没料到，这竟成了他与父母的最后一面。61 年后，郝柏村才再回魂牵梦萦的故乡。

在郝柏村的脑中至今还留着战争的“纪念品”，那是 1938 年他第一次上战场时，负伤留下的子弹碎片。郝柏村说，这弹片跟了他 70 多年了，还是最近检查身体时发现的，不过并无大碍。在参加了 1938 年的广州战役后，郝柏村被调往贵州炮校学习，后任炮十二团二营中校营长。这期间，他遇到了军旅生涯中的贵人——顾祝同。顾是蒋介石的黄埔嫡系将领。1948 年，顾祝同任国防部参谋总长后，把老乡郝柏村调到身边，出任国防部参谋总长办公室随从参谋一职。1949 年，国民党溃败后，郝柏村定居台湾。

来台后，郝柏村继续任随从参谋。1954 年，他在陆军大学将官短训班学习一年后，被分到第三炮兵任上校指挥官。1958 年，“八二三”金门炮战发生时，郝柏村在金门担任第九师师长，奉命率部戍守小金门“有功”，获颁云麾勋章与虎字荣誉旗，并升任金门防卫司令部司令。1965 年，郝柏村出任“总统府”侍卫长。虽然给蒋介石做了 5 年的侍卫长，但郝柏村说，他们通常只谈公事，蒋做指示，他接受命令，不曾有任何闲话家常的机会。相较之下，郝柏村与蒋经国的关系则密切得多。“我们经常促膝长谈，可以无话不说。”1981 年，郝柏村被蒋经国提拔为“国防部”参谋总长，成为军中头号人物。

笔者：很多历史学家认为，当年国民党贪污腐败才会丢掉大陆，您怎么看？

郝柏村：你说贪污腐化？你看“老总统”在溪口的房子，他来台后也没买房子，蒋经国也没有自己的财产；顾祝同他老太爷过世，办丧事的钱拿出来都困难。当然他们过去不能说没钱，也许在南京或哪个地方有房子，但都丢掉了，如果说他们贪污，应该买了很多东西带出来，但并没有。当然贪污腐化是必然的，大多执政久的都有这毛病。

笔者： 蒋介石对贪腐的事如何处理？

郝伯村： 绝对是严办。

笔者： 他对身边的人态度怎么样？

郝伯村： 他很严肃，我见过的将领都没同他握过手。但他很慈祥，很重感情，所以对那些反过他的人，像李宗仁、白崇禧等，最后也都没杀。

笔者： 在您的眼中，蒋介石是一个什么样的人？

郝伯村： 他是个国家使命感很强的人，信仰三民主义，要完成一个民主、自由、均富的理想。所以他对干部的训练、考核很严格，都是亲自来考核。他勤劳，生活很规律，意志非常坚强，他若像汪精卫老早就投降，中国可能就变成战败国了。

笔者： 您觉得蒋家父子有何差异？

郝伯村： 他们个性不一样，“老总统”总是高高在上，经国先生则很随和，容易亲近，喜欢和人握手。他继承了“老总统”实现三民主义统一中国的意志，还是有他父亲的遗传。

反“台独”愤然离职

1988 年蒋经国逝世后，李登辉上台。当时李登辉的权力基础并不稳固，因此对这位“镇岛大将军”相当倚重。郝伯村先被留任“参谋总长”，后又被提名出任“行政院院长”。外界认为，李登辉此举是要削弱他的军权，把手伸进军队。

李登辉的提名，引起民进党和一些社会团体的强烈反对，认为这是“军人干政”。李登辉说，当前台湾政局不安，民心不定，郝柏村“做事诚实，能解决问题”。他还赞美郝柏村“民主素养浓厚”“具有高度爱国心”，并不时竖起大拇指说“郝同志就是好同志”。最终，在李登辉的游说下，“立法院”投票通过，郝柏村出任“行政院院长”一职。在其任内，海峡两岸关系也进入转变期。郝柏村推动了“金门协议”签订，促成了海基会成立和“九二共识”等。他还请时任新加坡总理的李光耀帮忙，最终将第一次“汪辜会谈”的地点安排在新加坡。

后来，李登辉立场逐渐偏向“台独”，郝柏村才看清其真面目。1993年1月30日，台湾“国民代表大会”在台北阳明山举行闭幕典礼时，郝柏村遭民进党围攻，他振臂高呼“消灭台独”，随后宣布辞去“行政院院长”。当天台湾各大新闻节目，都反复播放了这个镜头，在台湾民众中产生极大反响。至今，许多台湾民众说起郝柏村，第一个反应就是他当年高呼“消灭台独”的举动。

1993年8月，郝柏村被推举为国民党副主席。1996年，他与台湾前“司法院院长”林洋港搭档参选“总统”，最终落败。2005年2月6日被聘任为中央评议委员会主席团主席。

退休后，郝柏村多次来大陆祭祖、省亲、旅游。2001年，郝柏村还率领20多位台湾高级退役将领赴桂林旅游，其中包括5位上将、多位中将，是台军访问大陆最高级退役将领团。

笔者：这几年有很多台湾退休将领到大陆访问，您也同一些退役将领回去过，对于这种交流您怎么看？

郝柏村：这只能说一种交际，还谈不上是军事交流。因为大陆的退役将领请我们这边的退休将领到大陆，也就是打打球，吃吃饭。

笔者：您觉得在什么情况下，两岸应该进行真正的军事交流？

郝柏村：我觉得这种交流，首先政治上的问题要解决，不可能政治上还没解决的时候，军事上有交流，这不可能。

笔者： 您如何看待现在的两岸关系和“台独”问题？

郝柏村： 消灭“台独”，不是说把主张“台独”的人关到牢里面去，是要消灭“台独”意识。我想现在他们慢慢地也了解了，你讲“两国论”，两岸关系马上坏了，你讲“一中一台”，两岸关系没有开展，那还是等于“两国论”。

一部分“台独”主张根本是号召内部政治斗争，导致台湾的“国家认同”分歧。大家必须认清国际情势上的事实，任何国家与大陆建交都必须承认“台湾是中国的一部分”，因此还是要务实一点，当前最重要的是维持两岸和平。台湾之所以发展停滞，就是因为缺乏“国家认同”。马英九说两岸非国与国关系，我认为更精准的说法是，“两岸是具国际因素的内政关系”。

儿子眼中的慈父

如今，虽年事已高，郝柏村每天还坚持游泳，这个习惯50年没断过。退休后，郝柏村开始写作。2011年，他撰写的《郝柏村解读蒋公日记，1945—1949》出版；今年他又完成了《郝柏村解读蒋公八年抗战日记，1937—1945》。这本书约60万字，郝柏村用了两年才完成，他说想用文字还原那段历史。

2013年6月，郝柏村在他的新书发布会上

郝柏村的太太郭婉华是台前任“国防部部长”郭寄峤的侄女。他们结婚较晚，在郝柏村而立之年才解决婚姻大事。新婚不久，夫妻又分居两地。他们育有两个儿子，三个

女儿。只有大女儿出生时，他陪在太太身边。其他孩子，等他回来时名字都取好了。为此，郝柏村一直觉得对太太有所亏欠。

郝柏村的子女涉足政界的只有2006年—2014年任台北市市长的郝龙斌。他说，父亲虽有军人的威严，但是个慈父。小时候，管教打骂他们的都是母亲。至于郝龙斌在政坛发展，郝柏村说，这要看民意，“我既不鼓励，也不反对”。但外界认为郝龙斌未来极可能投身台湾领导人选举。

郝柏村一生戎马倥偬，当笔者要他给自己做个评价时，郝柏村却谦虚地说自己是“双一”老兵。什么叫作“双一”老兵？一无所长，一事无成！（撰文：封思倩）

蒋介石曾孙蒋友柏：永远站在悬崖边

“我在‘命运’赋予我的地貌上，搭建我的人生舞台。而这也是我的天堂，虽然很无趣，但很简单，很真实。”蒋友柏在2010年出版的中文自传《悬崖下的小道》中这样总结自己。

2011年9月6日，蒋友柏在北京新书发布会上

顶着蒋家后代的光环，配上天生帅气的面庞和极富个性的言行，并非娱乐圈出身的蒋友柏，却早已成为年轻人心中的偶像，甚至被称为“台湾的威廉王子”。然而2003年，蒋友柏就一路喊着“不做蒋家第四代”“远离政治”，创立了一间名为“橙果”的设计公司，此举出乎很多人的预料。

在台湾一项上班族心中“创业标杆”的调查里，蒋友柏排名第三，而前两位是台塑集团创办人王永庆和鸿海集团董事长郭台铭。蒋友柏创办的橙果设计公司，已经拥有索尼、摩托罗拉、微软和雷诺车队等国际知名大

2011年，台湾橙果设计公司内景

客户。人们也终于将他的称呼改为——台湾橙果设计公司创始人蒋友柏。

"神灯"被拿走了

在我12岁以前，我真的享受过"政治贵族"的待遇。我的成长过程就像一个虚幻的梦，或者你也可以说是一个海市蜃楼。小时候，我真的就像拥有一个阿拉丁神灯似的，心想事必成，要什么有什么……直到有一天，有人把我手上那个神灯拿走，大精灵不再出现，我好像一下子被丢到一个看不到边界的沙漠里，东西一下子都不见了。之后的我，最大的困扰就是大家以为我手上还有那个可以呼风唤雨的神灯，但其实我没有。假如我的命格里一定有"贵"这个字的话，那我会说是"贵人"而不是"贵族"。(《悬崖下的小道》)

1976年，当蒋友柏在台北出生时，他的曾祖父蒋介石刚去世一年，这个台湾第一家族正沉寂在守孝悲哀的气氛中。虽然蒋介石没能见到小曾孙，但早在他活着的时候，就为他取好了名字。男孩依次叫“松柏常青”，女孩依次叫“梅兰菊”。在蒋友柏出生前，蒋经国的大儿子蒋孝文有一女蒋友梅，二儿子蒋孝武有一子蒋友松，一女蒋友兰。如今，蒋家三公子蒋孝勇和夫人蒋方智怡又为蒋家添一丁，蒋经国欣喜不已。

蒋友柏在家人的呵护下长大，母亲蒋方智怡曾用3年时间为他挑选小学，而曾祖母宋美龄在世时，全家人每年都在纽约过圣诞，宋美龄为孩子们买玩具，甚至还辅导蒋友柏的英文功课。1988年1月，蒋经国去世。4月，蒋孝勇一家搬到了加拿大的蒙特利尔。这在蒋友柏的人生轨迹中，是第一次变化。

笔者：你提到小时候就像拥有阿拉丁的神灯，神灯指谁？

蒋友柏：我已过世的曾祖父蒋介石。在台湾，我的孩童时代，曾祖父就只有一个名字叫“蒋公”，也因为这个尊称，在台湾的学校生活，我永远是老大。无论到哪里都有两个随从跟在后面，在教室上课，他们就坐在后面等我。上课忘了带课本，还可以叫他们回家拿。整个童年的记忆，让我感觉姓“蒋”还是挺牛的。

笔者：他们叫你“威廉王子”，很享受那个过程吗？

蒋友柏：他秃头（笑），我没有吧。我这个人比较随性，不会很在意这些。重要的是做好自己。

笔者：什么时候发现自己的生活有了很大变化？

蒋友柏：1988年，祖父蒋经国去世，我们全家搬到蒙特利尔。那时候很小，感觉好像是匆忙间逃出去的，一夜之间司机、管家、保镖全都不见了，起床后变成了说英文。直到父亲得了癌症，在病床前我们有过一段长谈，听父亲讲，祖父去世后，他在政治、事业和家族里，都找不到合适的位置，所以决定离开台湾。他这个决定对我倒是一件好事，让我有机会做一个“凡人”。

笔者：离开台湾，有什么不一样的体会吗？

蒋友柏：加拿大历史课的说法与台湾完全不一样。我印象比较深的是，比如：过去几百年，几乎平均每50年欧洲地区就会有一次大规模的国际战争，什么原因造成的？我们如何避免战争再度发生？为什么每一个国家的“敌国”通常都是他的“邻国”？一个国家应该如何与“邻国”相处，才不会变成“敌国”？

因为语言不通，我不能进入班上的主流团体，只能安静地在一旁观察同学和班上的活动。后来，班里来了一个大陆的同学，我们很快交往起来。但当他知道我的曾祖父是谁后，有一天来跟我说，他父亲不许他与我交往，因为我是“蒋匪”“蒋贼”的后代，我当场痛骂他一顿并与他绝交。回到家，我不敢跟父亲提这件事，因为“蒋匪”“蒋贼”这样的字眼在当时，是绝对没有办法从我嘴巴讲出来的。而且，我也觉得这样的字眼会污辱我的家族。

笔者：现在还会听到这些字眼吗？

蒋友柏：没有。我2001年回到台湾，几乎再也没有听过有人称我曾祖父为“蒋公”，就连那些当年靠高喊“蒋总统万岁”“三民主义统一中国”的“爱国爱党”中坚分子，大部分时候称呼我曾祖父与祖父的名号也只是“老蒋”与“小蒋”。“经国先生”这个称呼偶尔有。

人生没有应该

记得小时候有一次全家去海边（好像是野柳）游玩，父亲指着海边岩岸的海浪告诉我：“想要浪花美丽，必须用力地冲击岩石，虽然痛，但是值得。”那一天的情景，我是全忘了，但是父亲留给我的这一句话我却牢牢记住了。(《悬崖下的小道》)

当笔者问蒋友柏，谁是对他影响最深的人，他毫不犹豫地回答，是父亲。蒋家有一套独特的“蒋氏训练”法：蒋孝勇会用带孩子爬山的机会，在他们爬完千层台阶而没有用心数数时，告诫他们：“虽然只是踏一小步，但每一步都要放在心上，每一步都要好好走，这样才可以走得更远更稳。”除了数台阶，开车时经过多少路灯，一群鸟飞过共有多少只，都是他经常和孩子们玩的“即兴游戏”。他一方面在培养孩子随时随地的观察能力；一方面也在强化他们对环境的快速反应能力。

蒋友柏告诉笔者，父亲蒋孝勇念过五年陆军军校，后来担任过射击协会理事长，因此蒋家还有一项特别的活动：打靶。从枪管的结构，到如何安全拆解一把枪，清理后再装回去，蒋友柏都非常清楚。“要命中目标，其实要将天、地、人及手中那把枪合而为一。就看你要准度，还是要速度。像 K47 的射程远，后坐力强，每击发一次要恢复平衡的状态，这和用精巧的左轮枪不同，如果要连中目标，抓住平衡感的速度，可能比准度更难练。你要能控制呼吸、肌肉和意志力。”

1996 年 12 月 22 日，蒋友柏的父亲蒋孝勇因食道癌病逝，终年 48 岁。父亲病重期间，蒋友柏特意从纽约大学休学回来，陪在他身边。

笔者：你父亲和你谈的印象最深的是什么？

蒋友柏：我爸告诉我，人的一生很像一张布满了点的图表，每一点都是机会和选择。可以往上下连、往左右连；借由这些“点”才能决定目的地，才能决定自己是谁；它绝不是一条直线。如果我爸一直健康，我“应该”会去他的公司实习、上班，他“应该”会介绍许多人给我认识，“应该”会有人找我参与更多的计划。但是，人生没有“应该”，我突然觉得要赶快为家人做些什么。

笔者：你觉得父母留给你最珍贵的是什么？

蒋友柏：我爸像朋友，真的像朋友一样教导我。我妈比较厉害的是，不管我们怎么叛逆，她都可以接受。我觉得这点就是最好的教诲。用“放”

的方法让我们去探索人生，而不是“收”。

笔者：父母对你说做蒋家人很难，你也说人生要学会说“不要”，哪些东西是你决定不要的？

蒋友柏：对我来说，姓蒋是不可以不要的，它永远都会在，我也要努力把它做到好。其他，因为我不喜欢的东西很多，不喜欢的客户不接，钱不够的客户不接。但好玩的是，现在反而发现要经过什么都“要”的阶段。我跟以前的差别在于，现在清楚地知道自己的价值在哪里，我可以给你什么，你拿到了会帮助你什么，所以我有选择权，以前不是。

笔者：你在美国学经济专业，最终为什么选择做设计？

蒋友柏：因为这条路别人没走过。而且我发现，原来的人生选择那么现实，所以决定去做一个人家想不到可以做出来的东西。因为那时候设计在台湾真的属于上不了台面的，所以才会想做，不服输。

笔者：为何远离政治？

蒋友柏：我诚实地讲，身为蒋家人，你要远离政治基本上是很难的，但是你要做的是你不要被政治所左右，不要被政治所利用。我不会再靠近政治，如若不然，我这辈子积累的东西就毁了，而且现在有小孩，想让他们安静地长大。

要做大拇指

为了把橙果的设计服务卖出去，我花了很多时间跟台湾企业的老板谈天要订单……我发觉只要把诚意拿出来，他们通常很快就会忽略我姓蒋，而很愿意把我当成一个创业的后辈，把他们的宝贵经验教给我，尤其是那些失败的、东山再起的经验……过去，我常常因为怕失败而患得患失，现在的我，不是不怕失败，而是这些别人失败、东山再起的经验，壮了我的胆子，让我对自己更有信心。（《悬崖下的小道》）

身为蒋家的后裔，蒋友柏在看过历史如何呼吸、如何脉动，伟大的成就和民族的光辉如何变成了历史，在经历了巅峰和低谷的猛烈撞击后，2003年7月，他和二弟友常共同成立了台湾第一家拥有国际设计师团队长期进驻的设计公司——橙果设计公司（DEM）。蒋友柏陆续请来了当红的设计师迈克·杨（Michael Young）、前Gucci设计师艾伯特·普切堤（Alberto Puchetti）、日本音乐制作人小宫山雄飞等人加入，这在台湾设计界中，相当少见。一方面要管理这些国际一流人才、与他们合作，一方面要解决客户在创意上的难题，直接切入客户的广大消费者市场。蒋友柏就这样大胆上阵了。此后8年，公司曾面临过倒闭的危机，在一次次化险为夷的过程里，蒋友柏在台湾设计界立住了脚跟。

笔者：当年你只有27岁，怎么请得动这些大师呢？

蒋友柏：比如迈克·杨，得知他在英国时尚界的地位后，我找到了他的电话。我虽然不知天高地厚，但有行动迅速果决的优点，从此每天给他一个电话，劝他到台湾加入我刚登记成立的公司。那段时间，橙果唯一的业务只有室内装潢，而迈克·杨的专长是概念式的产品设计，我连客户在哪里都不知道。硬着头皮，狂call（打电话）了他6个月，每天一讲就是一小时的电话，最后我用“你的前途在亚洲，而台湾是你最佳的跳板”这个理由把他请到台湾来。迈克·杨真的来了，他跟我一起翻开橙果的第一页。

笔者：经营这么多年，你对设计的体会是什么？

蒋友柏：我认为，所谓的品牌设计是为消费者设计一个新的体验，这个体验不是围绕产品，而是要建立趋势。苹果公司的成功是因为它设计了一种全新的生活体验，重新定位了这种体验的意义，那就是苹果的生活方式。没有苹果产品，不会影响你的生活，但你很可能会被贴上“落伍、不懂生活”的标签。像哈利·波特、魔戒，甚至是星球大战，都是建立在“诠释体验”的基础上风行全球的。我把它称为“设计体验”，它将会是橙果在未来几年要努力追求的设计目标。

笔者：在经营管理上，你有什么心得体会？

蒋友柏：我一直苦于找不到可以让橙果长久经营的市场定位，突然无意间看到了拿着香烟的右手指，橙果市场的定位应该是“大拇指”。因为与中型客户的内部创意部门比起来，橙果的专业知识一定远远不如他们；在大型企业面前，甚至连专业设计技能也不一定能够超越；就算超越他们，你也不能明显地表现出来，否则还存在恶性竞争。当你伸出大拇指，是不是发现它的起点比起其他四根手指要低很多？但一个人假如没有了大拇指，其他四根指头，就没有办法做抓、捏、拿、弹等动作，橙果的定位就是做大拇指，在各个局面中，掌握“运动方向”。

还有几年可活

对于我的“年纪”与“成熟度”，每一个人都有自己的见解。我太太说我是50岁的奸商，我妈说我是思想清楚的30岁青年，我小孩的干爹认为我是一个同时集40岁的心智与20岁的叛逆于一身的恶魔；而有认识很久的客户一直不相信我超过30岁；最妙的是有的员工认为我31岁就已经几乎到达“神”的领域。（《悬崖下的小道》）

蒋友柏发现，他的曾祖父活了88岁，祖父过世时是78岁，而他的父亲则只活了 48 岁。如果寿命长短在家族里存在某种逻辑关联的话，他担心延续到他这一代时，可能更不妙了。蒋友柏认真地“活着”，他喜欢用这个词形容自己的状态。他每天早上 8 点前准时上班，下午 2 点准时下班，这是他的特色，也是他给自己和家庭制定的“设计体验”。

笔者： 你平时怎样安排自己的工作和生活时间？

蒋友柏： 我的人生曾经是“没有心跳的风花雪月”，就连成家之后也时常躲避人生，不愿意去面对烦琐的事情。当我发现我已经深深地伤害了生活中所有对我来说重要的人时，我决定试着用“设计体验”。我定下下午 2 点下班，逼我自己必须在工作时把每分钟的生产力发挥到极致；接着定下了不应酬的原则，让我必须无选择性地参与“家里的一切”的生活模式。这其实是我太太教我的，她不断地告诉我，物质上的满足无法成就一个家的幸福。花钱买

蒋经国晚年与蒋友柏一家的全家福。左起依次是蒋友柏的父亲蒋孝勇、祖母蒋方良、蒋友柏、祖父蒋经国、母亲蒋方智怡、弟弟蒋友常

体验很简单，但是不花钱去创造有意义的愉快才真正具有价值。

笔者：你怎么看待自己的心理年龄和成熟度？

蒋友柏：父亲曾对我说："人生的长度是神定的，但宽度是人定的。"有时候我会对着镜子问，自己还有多长时间可以活？当死亡的概念遥不可及时，你会发现好多事是现在不做，以后就不会再有机会做了。

笔者：为什么不愿做蒋家第四代？

蒋友柏：我不喜欢人家称我是"蒋家第四代"，我喜欢当我自己的"蒋家第一代"。为了我自己和我的下一代，我宁愿抛弃那"第四代"残留的政治贵族利益，从零开始去开创属于我自己的新天地。将来不管我是事业有成，还是终生一事无成，以后我儿子问我希不希望他是"蒋家第二代"，我会毫不迟疑地回答他说："我希望你做你自己的蒋家第一代。"不过也因为这个，我个人对"年龄"的看法，通常不是从"几岁"的角度来看，而是从"还有几年可活"这个角度来看。你可以说我病态、悲观、庸人自扰，但这就是我。

笔者：你目前对自己还有什么目标和打算？

蒋友柏：我目前只是想慢慢学怎么做个生意人，越来越知道生意该怎么做。我想挣更多钱让我的员工和家人生活得更好。现在也是自找麻烦的状况。我的愿望就是把所有老外的设计公司打垮，最近他们常常用中华文化的设计概念，连四书五经都没有读过，和我谈中国文化我就很不爽。

笔者：你的两本书，都用了"悬崖"这个词，为什么对它有特殊的感觉？

蒋友柏：因为悬崖让你没有退路，站在悬崖边，不管往上还是往下，你都想要拼命抓住。在崖上，有最清的风；在崖边，有最秀的景，在崖下，有粉身碎骨的失败。一边学会拥抱前方和上方的美景，一边接受下方的现实。我想时刻提醒自己，不要活得太舒服了，否则就会死掉。（撰文：刘畅）